启笛

语

声

故

回

声

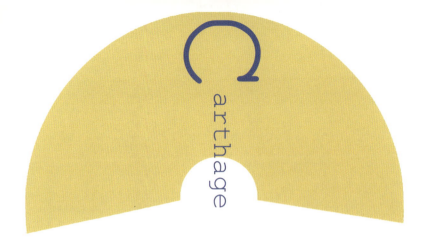

看见迦太基

Samir Aounallah

〔突尼斯〕萨米尔·奥纳拉 著
郑珊珊 译

北京大学出版社
PEKING UNIVERSITY PRESS

目录
CONTENTS

序言 / I

第一章　布匿迦太基：艾丽莎城
　　　　（公元前 814—前 146） / 001

充满负面论调的历史文献 / 003

腓尼基人在地中海的扩张版图 / 008

建城之说 / 011

　　城市的起源：从（阿）佐罗斯（[A]Zoros）和卡尔希顿
　　（Karchedon）到艾丽莎－狄多（Élissa-Didon） / 011

　　泰尔的悲剧 / 013

　　查士丁记述中的迦太基建城史 / 014

　　希亚尔巴斯国王的求婚和艾丽莎的自尽 / 016

　　来自考古发掘现场的真实情况 / 019

i

从村庄到城市，从比尔萨到迦太基：有关城市地形的说明 / 023

  迦太基最初的名称 / 023

  古代时期的城市 / 026

  马戈尼德王朝时期的迦太基 / 027

  大迦太基 / 030

  城市住宅区 / 035

从城市到地中海大都市：要冲之地西西里岛 / 040

  泰尔的衰落 / 040

  海港的基础设施 / 042

  商船与战船 / 046

  西西里岛，迦太基的战略要地 / 048

  希梅拉的反攻 / 051

  公元前409—前396年的战争和

    希米尔科·马戈尼德的灾难 / 053

  公元前4世纪的平衡状态 / 054

  皮洛士的冒险：迦太基与罗马的协议 / 056

  西西里的迦太基人和希腊人 / 056

  科西嘉和撒丁岛 / 058

  迦太基在马耳他岛 / 061

  与罗马缔结的第一项条约 / 062

  菲利尼斯兄弟祭坛 / 065

  航海家汉诺的旅程 / 066

非洲帝国：一个边界流动的领地 / 069

加入地中海权力博弈的罗马 / 078

第一次布匿战争和地中海诸岛的沦陷 / 078
雇佣军战争和科西嘉岛的沦陷 / 080
在西班牙的冒险征途 / 081
汉尼拔的战争和马西尼萨的复仇 / 085

政治与宗教：围绕王权和"托非"的诸多争议 / 089

王权问题 / 089
宗教：巴勒主宰的迦太基神系 / 092
关于幼童献祭的问题 / 097

经济与物质文化 / 104

手工业 / 109
亡者的世界和墓葬建筑 / 116
比尔萨青年的墓葬（约公元前 500 年）/ 117

第二章 历史残缺的一个世纪
（公元前 146—前 46）/ 123

迦太基必须毁灭 / 125

被毁的迦太基，注定被遗忘的土地 / 125
朱诺尼亚殖民地 / 127
恺撒决定重建迦太基 / 130

第三章　罗马迦太基或非洲的罗马
　　（公元前 44—公元 698） / 133

恺撒和屋大维复活了迦太基 / 135
　　举步维艰的开局 / 137
　　一座大都市的诞生 / 138
　　迦太基，罗马西部地区唯一的自治殖民地 / 142
　　迦太基的"乡村领土"：独一无二的制度体系 / 144
　　危在旦夕的豁免权 / 151

迦太基，阿非利加行省的新首府 / 155
　　迦太基与罗马皇帝 / 155
　　元老院与人民 / 161
　　行政长官 / 163
　　治安部队 / 168
　　迦太基与阿非利加行省 / 169
　　行省议会 / 173
　　迦太基和阿非利加的粮食实物税 / 175

宗教：促进社会和谐的利器 / 177
　　孔科耳狄亚女神 / 179
　　罗马帝王崇拜 / 182
　　瑟雷斯女神崇拜 / 185
　　凯利斯提斯女神崇拜 / 186

西罗马帝国第二城 / 189
　　罗马时期的港口 / 190

用水难题与迦太基的引水渠 / 192

马尔加亚和博尔吉·杰迪德的巨型蓄水池 / 199

安东尼浴场 / 201

2 世纪末的城市广场 / 205

人民的娱乐生活 / 207

圆形剧场 / 209

竞技场 / 211

剧院 / 211

剧场 / 213

人民的教育生活 / 217

艰难岁月（193—439） / 219

迦太基领土的分崩离析 / 219

238 年的起义和卡佩里安的镇压 / 221

马克森提乌斯对迦太基的洗劫 / 223

日渐式微的迦太基元老院 / 224

公益捐助的危机 / 228

危机之中的持续繁荣 / 229

私人住宅 / 230

皈依基督教的迦太基 / 234

教会的组建 / 234

艰难的开端 / 236

4 世纪的殉道者 / 237

宗教迫害的终结 / 238

殉道者崇拜 / 241

异端教派 / 242

第四章　从衰落走向灭亡（439—1270）／245

迦太基，汪达尔王国的首都（439—533）／246
　　　　439年，夺取迦太基／246
　　　　城区的变化／249
　　　　阿里乌教派和天主教：胡内里克的迫害（481）／250

拜占庭时期的迦太基／255
　　　　行政机构的组建／255
　　　　仍然充满活力的贸易中心／256
　　　　天主教教会的复兴／257
　　　　全新的城市地形？／259

阿拉伯穆斯林的征战和迦太基的落幕（698—1270）／264

结论／269

序言

我们将要谈及的是哪个"迦太基"?

世人皆知的至少已有两个。一个是腓尼基人的"迦太基"(*Qart Ḥadašt*),根据最广为流传的典故,此城由艾丽莎(Élissa,闪米特语为"*Elishat*")于公元前 814 年所建,在公元前 146 年

比尔萨山岗鸟瞰图(© AMVPPC/INP)

被"征服非洲的西庇阿"（Scipio l'Africain）摧毁；另一个是自公元前44年起由恺撒和奥古斯都所建立的"迦太基"（拉丁语为"Carthago"或"Karthago"）。这座由罗马人建立的新城不仅沿用了它的旧称，还建在它的故址。就连他们所建的第一批房屋也是在先前建筑的基础上改建而成，目的是让古城原有且依然保存完好的引水、水井、蓄水和排污系统等规划及设施可以迅速投入使用。这片土地的生土层之上形成了6个文化堆积层，对它所进行的考古地层学分析足以再现自人类居住活动出现直至消失的全过程。后者发生于1270年法国国王圣路易的十字军东征之后，当时的哈夫斯王朝统治者穆斯坦绥尔（1249—1277年在任）决定将整座城池夷为平地，以阻挡世人对它所怀有的攘夺之心。

坐落于比尔萨山岗汉尼拔区这一侧的建筑遗迹可以令我们观察到不同年代的更迭交替。其中，两个历史时期清晰可辨：布匿大都市时代的落幕和罗马殖民地时代的开启。这一街区的规划发展始于公元前3世纪末。一部分房屋很可能是在第三次布匿战争期间仓促搭建而成，而另外一些则是以泥砖砌成的简易墙体围建而成，以安置在攻城战末期大量涌入的人口。在这一街区向南延伸的部分建有两排巨型墩柱，用以加固为布匿时期被毁建筑所修筑的填筑工程，目的是在山岗开辟平坦的空地，以容纳在新罗马殖民时代即将拔地而起的公共建筑。

从比尔萨山岗高处看到的汉尼拔区（© AMVPPC/INP）

被称为"汉尼拔区"（Quartier Hannibal）的这一区域可以说是承载了古迦太基城的整部历史。当我们仔细凝视眼前的一砖一瓦，便会发觉它与史籍中的记载有所出入，罗马人其实并无意彻底摧毁先前的古迦太基城池，因为当时由布匿人所建造的房屋还傲然屹立。他们并未在此后一个世纪间对它进行重建。因此，当罗马迦太基在此地诞生之时，属于古迦太基城的历史遗迹既未彻底消失也并未得到完全修复。罗马人决定在古城之上大兴土木。作为填料的巨型墩柱和在地面还清晰可辨的半圆形大殿最终用于稳固在山岗顶部所进行的平地开辟工程，之后那里将汇聚新城中主要的地标性建筑。

第一章
布匿迦太基：艾丽莎城

（公元前814—前146）

人们认为迦太基之所以能创造出伟大的成就皆因它从文明之源所汲取的特权与力量，这也令北非首度迎来了它历史上的高光时刻。如果依据大多数人所接受的建城之说，那么迦太基城是由一位王室公主在一部分泰尔（Tyr）贵族的支持下建立的。它被称为新城，全因创建者们将其视为泰尔新城，终有一天将成为西腓尼基人的守护之城和宗主城邦，以取代地处偏远且业已衰落的泰尔老城（位于地中海东岸）。富有的贵族阶层既擅长经商，又精于政治谋划，是他们缔造了这座城市的辉煌伟业，也令它成为非洲大陆之上的伟大城邦。

——格塞尔《北非古代史》

仅凭迦太基古城遗址的考古发现并不足以为我们提供布匿时期城市景观的相关资料。因为，它先是在最后一次布匿战争中遭受严重毁坏，随后又被遗弃长达一个世纪之久。当其在公元前 44 年成为罗马殖民地之后，早期的遗迹再次遭到破坏。例如，在公元前 3 世纪初城建发展的高峰期，当时的罗马殖民地当局为了修建剧场竟毫不犹豫地拆毁了建于布匿时期的墓园。

由此可见，我们所面对的是一个蒙受严重损毁的古城遗址，保留下来的遗迹少之又少。此外，文献资料也极度匮乏：各式文献档案已荡然无存，现存的布匿时期史料多为在"托非"（Tophet，在此处指古迦太基城的献祭场所）发现的铭文，但其大部分内容都是反复出现的套话。因此，来自古希腊罗马时代的文献，尤其是提及布匿腓尼基时期的著作就为我们研究提供了线索，即便这些文字是被公认充满偏见且带有批判之意的。

第一章 布匿迦太基：艾丽莎城

充满负面论调的历史文献

在攻陷迦太基城的隔天，西庇阿允许他的士兵几天内在城中肆意掠夺除诸如金、银及祭神供品以外的财物。经此一劫，档案馆和图书馆几乎毁于一旦，唯有这位罗马将领交予米西普萨国王保管的极少著作幸免于难。它们被称为"布匿人之书"或努米底亚国王的"希耶姆普萨尔二世之书"（希耶姆普萨尔二世，公元前88—前60年在任）。此名称意味着此著作是以布匿文书写。最终，仅有迦太基农学家马贡的著作被顺利带到了罗马。马贡在畜牧业和树木栽培等方面颇有建树，编著了一部28卷的农学百科全书。作者本人也因此为诸多拉丁文作家所熟知，其中就包括了科鲁迈拉（Columelle），他撰写的关于乡村经济的论著深受马贡著作的启发。除此之外，腓尼基航海家汉诺（Hannon，生活于公元前6—前5世纪的迦太基航海家）广为人知的著作《汉诺纪行》（Périple d'Hannon），可能经波利比乌斯（Polybe，生活于公元前3—前2世纪的希腊政治家）译为希腊语，其中也出现了关于布匿时期迦太基历史的描述。文中所记述的航行见闻在迦太基城的"托非"献祭场的铭文中亦可见到，但流传至今的仅有其希腊语版本。汉诺此次航行的目的是探索从西班牙加的斯（Gadès）至几内亚湾的大西洋沿岸等地。

自公元前5世纪起，迦太基便引起了古代史学家的关注，当时它已发展成为一个拥有强大经济与军事实力的城邦，理当被写入一部如实记载其非凡成就的史书之中。关于这段历史，我们所拥有的文献资料均为间接史料，可能会令我们因错译和误读而曲解史实真相。古希腊罗马史学家对布匿人本身就持有偏见，也对其政治制度及宗教信仰知之甚少，由他们所编纂的历史支离破碎，充斥着失衡与歪曲，编年史残缺不全，历史年表粗略模糊，史实也常被错误地解读。在其所呈现的内容之中，无论是迦太基文明源起的多样性，还是关于其政治制度的语焉不详，抑或是对其宗教传统所持有的批判之意，尤其是对以孩童向腓尼基主神巴勒献祭这一习俗的批判，对于我们的研究都具有重要意义。其实，绝大部分古代文献的作者都更为重视对军事史实的记载与评述，尤其是迦太基与希腊僭主、罗马之间发生的军事对抗。

几乎所有相关的文献在谈及古迦太基时都充斥着大量的负面言论，这也让现代史学家始终处于一个相当尴尬的境地。先是小西庇阿（Scipio Emiliano）下令毁城，随后在其废墟遗址之上再建新城，最后又历经了中世纪和现代定居点的建造所引发的诸多动荡，这一切都导致了考古资料的残缺不全，为相关研究的开展增加了难度。不过，自19世纪末以来的考古发现和对其所进行的解读已取得了相当的进展，这在一定程度上已经填补了这一领域的学术研究空白。

表 1 古代文献中的布匿迦太基

粗体字：重要作者（有现存著作或片段）。

正常字体：曾引用迦太基历史相关文献的作者，或已佚作品的作者。

作者	语言	时期
阿庇安（Appien）	希腊语	公元 150 年
阿拉托斯（Aratus）	希腊语	公元前 3 世纪
亚里士多德（Aristote）	希腊语	公元前 384—前 322 年
奥古斯丁（Augustin）	拉丁语	354—430 年
老加图（Caton l'Ancien）	拉丁语	公元前 234—前 149 年
谢赫亚（Chéréas）	希腊语	与汉尼拔同时代？
西塞罗（Cicéron）	拉丁语	公元前 106—前 43 年
路西斯·辛西乌斯·阿利特（L. Cincius Alimentus）	拉丁语	公元前 240—前 190 年
奈维乌斯（Cnaeus Naevius）	拉丁语	公元前 3 世纪下半叶
科尔乌斯－安提帕特（Coelius Antipater）	拉丁语	公元前 2 世纪
科鲁迈拉（Columelle）	拉丁语	1 世纪上半叶
科尔奈利乌斯·奈波斯（Cornelius Nepos）	拉丁语	公元前 100—前 29/前 25 年
哈利卡纳苏斯的戴欧尼修斯（Denys d'Halicarnasse）	希腊语	1 世纪下半叶
西西里的狄奥多罗斯（Diodore de Sicile）	希腊语	公元前 90—前 30 年

(续表)

作者	语言	时期
第欧根尼·拉尔修（Diogène Laërce）	希腊语	3世纪
卡西乌斯·狄奥（Dion Cassius）	希腊语	155—235年
埃福罗斯（Éphore de Cymé）	希腊语	公元前405—前330年
欧多克索斯（Eudoxe de Cnide）	希腊语	公元前408—前355年
费边·皮克托尔（Fabius Pictor）	希腊语	公元前3世纪
弗拉维奥·约瑟夫斯（Flavius Josèphe）	希腊语	37/38—100年
汉诺（Hannon）	布匿语译为希腊语	公元前5世纪
哈斯德鲁巴/克莱托马库斯（Hasdrubal/Clitomaque）	希腊语	公元前187/前186—前110/前109年
希耶姆普萨尔二世（Hiempsal II）	布匿语	公元前88—前50年
希米尔科（Himilcon）	布匿语	公元前5世纪
杰罗姆（Jérôme）	拉丁语	347—420年
尤巴二世（Juba II）	希腊语	公元前52—前23年
查士丁（Justin）	拉丁语	3世纪
拉克坦提乌斯（Lactance）	拉丁语	250—325年
马贡（Magon）	布匿语	公元前3—前2世纪
以弗所的米南德（Ménandre d'Éphèse）	希腊语	公元前2世纪
米努克斯·菲利克斯（Minusius Felix）	拉丁语	2—3世纪
奥罗修斯（Orose）	拉丁语	4世纪下半叶—418年

(续表)

作者	语言	时期
斯巴达的菲拉尔克斯（Phylarque de Sparte）	希腊语	公元前 3 世纪末—前 2 世纪
阿格里真托的菲利努斯（Philinos d'Agrigente）	希腊语	公元前 3 世纪下半叶
叙拉古的菲利斯托斯（Philistos de Syracuse）	希腊语	公元前 430—前 356 年
普劳图斯（Plaute）	拉丁语	公元前 254—前 184 年
老普林尼（Pline l'Ancien）	拉丁语	23—79 年
普鲁塔克（Plutarque）	希腊语	46—120 年
波利比乌斯（Polybe）	希腊语	公元前 200—前 118 年
撒路斯提乌斯（Salluste）	拉丁语	公元前 87/ 前 86—前 35 年
西里诺斯·卡莱·阿克特（Silenos de Kalé Acté）	希腊语	公元前 3—前 2 世纪
西利乌斯·伊塔利库斯（Silius Italicus）	拉丁语	26—102 年
索斯罗斯（Sosylos）	希腊语	公元前 3 世纪下半叶
斯特拉波（Strabon）	希腊语	公元前 64—前 21/ 前 25 年
特土良（Tertullien）	拉丁语	150/160—220 年
陶尔米纳的提麦奥斯（Timée de Taormine）	希腊语	公元前 350—前 250 年
蒂托·李维（Tite-Live）	拉丁语	公元前 59—公元 17 年
特洛古斯（Trogue Pompé）	拉丁语	公元前 1 世纪—奥古斯都时期
瓦莱里乌斯马克西姆斯（Valère Maxime）	拉丁语	1 世纪上半叶
瓦罗（Varron）	拉丁语	公元前 116—前 27 年

腓尼基人在地中海的扩张版图

> 你居于海路,是众人的商埠……你的领地在海的中央,你的建造者已令你完美无瑕。他们以示尼珥的松木为你的船板,将黎巴嫩的雪松做成你高处的桅杆。
>
> 《以西结书》

在《圣经》中出现的这一段落将泰尔城描述为一艘大船,证实了我们对于泰尔人曾是当时海上及航海路线主宰者的推测。他们成功地抵达了已知世界的边界,并在公元前 8 世纪,尤其是借由其在西西里岛西部所建立的贸易站点实现了最具野心的扩张版图。这一殖民化过程起始于公元前 1200 年左右迈锡尼人对叙利亚－巴勒斯坦沿岸城市的毁灭性入侵。当时腓尼基人建立的第一批贸易点位于非洲海岸,经由叙利亚－黎巴嫩地区的沿海航路便可直接抵达。但奇怪的是,泰尔执政官却决定开始在直布罗陀海峡和安达卢西亚以外的海岸部署设点,例如,位于摩洛哥的立克苏斯(Lixus,今为拉腊什)和西班牙加的斯的贸易点就是于公元前 1110 年左右依此思路而建。几年之后,在公元前 1101 年,他们又在乌提卡开辟了新的站点。随后,陆续又有一系列贸易站点依次建成,逐渐填补了西起苏尔特湾(史称大流沙地带)沿岸的空白地带,如大莱波提斯(Lepcis Magna)、哈德鲁梅图斯(Hadrumetum,今位于苏塞)和西波(Hippo,今为比塞大或安纳巴)。在西班牙,自公元前 10 世纪以来,塔尔提索斯(Tartessos)就成为金、银、

第一章　布匿迦太基：艾丽莎城

象牙、猴子和孔雀等货物的主要输出地。

随着造船技术的发展，人们开始使用沥青对船体进行防水处理，也建造出了带有肋骨的船体，令船舶更为坚固，足以经受在远海海域和长途航线的旅程。随后，大规模的殖民活动于公元前 1000 年初逐步兴起。在黎巴嫩之外，据记载，最早建立的贸易站点包括了地中海东部的季蒂昂（Kition，今为塞浦路斯的拉纳卡）、伊利亚索斯（Ialysos，今罗得岛）和克里特岛，其南部海岸有两座名为菲尼克斯（Phoinix）的港口城市。

想要控制通往地中海西部的海路要道，就势必要占领散落其间的诸多岛屿，其中西西里岛尤为关键，这也印证了修昔底德的论断，他认为泰尔在因希腊人的抵达而向西撤退之前就已经完全征服了这些岛屿。人类所留下的早期居住遗迹表明这里自公元前 11 世纪或公元前 10 世纪时起就已经被划入腓尼基人的势力范围。而在西部的撒丁岛，类似的遗迹可以追溯至公元前 9 世纪。因此，公元前 9 世纪末迦太基城的建立并非一个孤立的事件，而是由执政者所主导的大规模殖民化运动的其中一环，它最终串联起一条从西西里岛至赫拉克勒斯柱之间的海上贸易线路。

看见迦太基

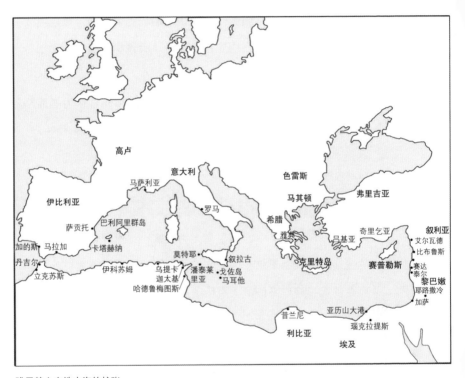

腓尼基人在地中海的扩张

第一章　布匿迦太基：艾丽莎城

建城之说

正如我们从公元前 5 世纪末起就知晓的那般，用以对迦太基的起源之说进行论证的种种史料是完全建立在由古代文献所提供的两个重要的时间节点之上，而以此为据展开的两个基础叙事结构是由来自西西里岛的古希腊历史学家所设定的。当时，他们已经与布匿人有接触和往来，因此有可能对迦太基人是如何谈论他们自身的历史有所了解。

城市的起源：从（阿）佐罗斯（[A]Zoros）和卡尔希顿（Karchedon）到艾丽莎－狄多（Élissa-Didon）

据叙拉古的菲利斯托斯（Philistos de Syracuse）推算，这座城市出现于特洛伊城陷落的 30 年前，即公元前 1215 年，由泰尔人（阿）佐罗斯和卡尔希顿所建。其后直到公元前 2 世纪的多位希腊历史学家均未质疑此论断，其中也包括了亚历山大的阿庇安（Appien d'Alexandrie）。

另一观点则认为，这一时间点需要往后推至公元前 9 世纪末。第一位提出此说的是西西里历史学家陶尔米纳的提麦奥斯（Timée de Taormine）。在公元前 4—前 3 世纪，他提出，迦太基城建立的时间是举办第一届奥林匹克运动会之前的 38 年，即公元前 814—前 813 年。之后，罗马历史学家查士丁（Justin）也在其公元 3 世纪所著的《〈腓利史〉概要》（根据高卢历史学家特罗古斯·庞培 [Gaulois Trogue Pompée] 的《腓利史》所写）一书中留下了与此相关的详细记述。其他的历史学家依据的则是泰尔国王皮格马利翁（Pygmalion）的历史年表：在其统治的第7年，即公元前819年，他的姐姐艾丽莎建立了迦太基。

《艾丽莎的肖像》，于庞贝城

除了艾丽莎这个名字之外，狄多也成为她的别名。在泰尔，她名为艾丽莎，在非洲，则称为"狄多"；提麦奥斯称其为"流浪者"；在塞尔维乌斯（Servius）眼中，她是"具有阳刚之气的女人"（virago）；在尤斯塔斯（Eustace）看来，她是"谋杀亲夫之人"。

今天的历史学家们则一致采用了公元前 814 年这一时间，这是根据大多数现存古代文献提供的线索所得出的结论，此外，这也与从考古发掘工作所得出的数据更为吻合。

泰尔的悲剧

迦太基的建城传说与以下三位人物有关：国王皮格马利翁、其姐艾丽莎（一位集惊世美貌与智慧于一身的公主）和他们的叔父阿切巴斯（Acherbas）。这第三人不仅是其侄女艾丽莎的丈夫，还是一位富可敌国的赫拉克勒斯－梅尔卡特神庙祭司。显赫的身份令其在泰尔城的地位仅次于国王。为了夺取阿切巴斯精心隐藏的财富，国王皮格马利翁残忍地杀害了他的叔父（同时也是他的姐夫）。公主在同样仇恨国王的贵族协助之下，极其隐秘地筹划着她的逃脱计划。当一切准备就绪之时，她告诉国王，自己希望能留在他身边。此时，国王理所当然地认为他将顺利接管艾丽莎公主的财产，不仅接受了她的请求，还派出仆人助她搬运财物。然而，当所有人登船后，公主立即命令船只驶向外海。随后，她让仆从将装满葬礼祭品且牢牢绑好、封严的袋子投入海中，之后，再告知他们这些袋中所装的物品其实是她先夫的财产。仆从们信以为真，认为国王所觊觎的财物已被他们误投入海底。如此一来，他们不敢返回泰尔城复命，也不再阻止公主的出逃。陪伴着艾丽莎逃离泰尔城的是一批泰尔贵族和她的其他效忠者，而她逃亡所用的船只上满载着她将要敬献给赫拉克勒斯的祭品。旅途中，她曾在塞浦路斯稍作停留。此地的习俗是在固定的节期祭日将年轻的女孩送往海滩，她们通过在维纳斯神庙之中献出贞操来换取嫁妆。此时，艾丽莎公主无疑想到了自己即将实施的建城计划，并考虑到她的贵族同伴们也需要延续血脉、开枝散叶，便决定在再次起航时，带上 80 名处女，令她们彻底摆脱了做圣妓的命运。

查士丁记述中的迦太基建城史

查士丁的叙事脉络清晰，为我们梳理了在非洲土地上发生的诸多事件的政治背景。在迦太基半岛上，新城屹立于海边，创建者们似乎不费吹灰之力便获得了一个为它量身定做的理想地点。

在查士丁的文字中我们读道：

> 艾丽莎抵达非洲海湾时，希望与该地居民友好相处。而他们对外来者的到访和以货易货的方式欣喜不已。随即，公主买下了一张牛皮所覆盖的土地作为在此处的栖身之地，再度启程之前，这里可令因长途航行而疲惫不堪的同伴恢复体力。为了得到比所需面积更大的土地，她命人将牛皮先切成细长条，再进行铺设。后来，此地被命名为"比尔萨"（Byrsa，希腊语，意为"牛皮"）。随后，住在附近的居民为了获取更多的好处，不仅为远道而来的客人带来了大量的货物，还成群结队地来到此处定居。迁居者与日

第一章 布匿迦太基：艾丽莎城

木版画《牛皮的传说》，作于 1630 年，作者：马特乌斯·梅里安（Matthäus Merian）（©akg-images）

俱增，汇聚成城邦大小的社区。也正因如此，在征得所有人同意之后，建城在即，还确立了以每年缴纳贡品来换取城市土地的制度。在开荒造城过程中，人们挖出了一个牛头、尽管这预示着一座城市的繁荣前景，但它也含有历尽艰辛，一直备受束缚之意。为此，人们不得不放弃此地，另选城址，幸好，在新址发现的是马头，这将预示着居住在此地的人们既好战又强大，这无疑是一个能为城市带来吉兆的地点。新城的声望吸引着人们蜂拥而至，令它在短时间内就拥有了数量相当的居民，一座伟大的城邦诞生了。

查士丁《〈腓利史〉概要》

希亚尔巴斯国王的求婚和艾丽莎的自尽

初到此地的居民会被安置在"马克西坦国王"的领地之中。这位国王为人严苛，甚至到了专横跋扈的地步。他不仅要求每年征收贡品，还威胁说如果不能迎娶艾丽莎公主，就要公然对腓尼基人使用武力，这一切最终逼迫公主结束了自己的生命。与此同时，他也向新来的居民敞开了大门，令后者可以自由地开展商业活动，并在此地安居乐业。事实上，来自乌提卡使节的建议也是如此。作为一座东部古老城邦，在那里，某些依旧维系的传统可追溯至公元前1101年。根据查士丁的记述，"他们（乌提卡人）为新的居民带来了礼物，如同对待亲人那般，并敦促他们建立一座城市，让他们漂泊的命运从此找到归属之地"。来自非洲最古老的腓尼基殖民地的使节对迦太基致以的敬意令这座城邦自诞生之日起就在地中海西部享有了至高无上的地位。

依旧是来自查士丁的记述：

当迦太基人坐拥生意兴隆所带来的财富之时，马克西坦的

第一章 布匿迦太基：艾丽莎城

国王希亚尔巴斯召见了10位布匿贵族，向他们求娶艾丽莎，并且表明，如被拒绝就要向迦太基宣战。这些使节们不敢直接将这一要求转达给女王，于是他们谎称，国王希望有人能向他和非洲人教授更文明的生活方式，但谁又愿意离开血亲，去蛮荒之地与野蛮人共同生活呢？他们的这一言论遭到了女王的严厉谴责，认为他们不应为了不想过更艰苦的生活而拒绝拯救家园的机会，并强调，如果事态需要，就算付出生命也应在所不惜。直到此时，他们才说出了国王的真正请求，并提醒女王，己所不欲，勿施于人，只有她才能真正拯救这座城市。女王终于意识到自己

迦太基的钱币：材质：金；厚度：22毫米；重量：12.50克。铸于第一次布匿战争开始时期，约公元前264年（© AMVPPC/INP）
正面为得墨忒尔（Déméter）的左侧头像，头戴以双麦穗装饰的王冠，呈波浪状的头发梳成环形发卷，戴有三重垂饰耳环和包括了15节吊坠的项链。
背面为一匹马的站立右侧图，马头朝后。自公元前4世纪以来，在迦太基或西西里铸造的布匿钱币之上，与马相关的图像中经常会出现一棵棕榈树。正如查士丁所指，迦太基城邦的纹章显示了它的居民好战且强大。他同样提到，除了马匹之外，根据东方的传统，牛也预示着城市的繁盛前景。

油画作品《艾丽莎的自尽》，作于 17 世纪，作者：安德里亚·萨奇（Andrea Sacchi），现藏于法国卡昂美术馆

第一章 布匿迦太基：艾丽莎城

已陷入对方所设计的诡计之中。她长久地呼唤先夫阿切巴斯的名字，泪流不止，哀哀欲绝。最终，她的回答是，无论是自身的命运，还是城市的命运，她都会按照命定的道路前行。3个月之后，她在城市的最高处竖起了葬礼上才会燃起的火堆，似乎是为了在自己的婚礼之前安抚先夫的亡灵，并奉献祭品。她为此准备了大量的献物。随后，便手持长剑，爬上火堆。她俯视着人们，告诉他们，如君所愿，她要去追随她的先夫了，随即便用长剑结束了自己的生命。自此，只要迦太基屹立不倒，她就始终被人们尊为女神。

来自考古发掘现场的真实情况

艾丽莎—狄多的故事至此告一段落。至今，还没有任何铭文或图像资料足以让我们对它进行验证，无论是真实存在，还是有想象的成分，我们仍然对这位泰尔公主的实际人生境遇一无所知。关于这一点，斯蒂芬·格塞尔（Stéphane Gsell）所进行的研究颇具价值，他的结论是："公元前814—前813年这个日期并非不可信……迦太基肯定是由泰尔人所建立的，而且很可能是发生在皮格马利翁任内。如果我们把古代文献中关于这一事件的细节描述视为传说，那我们宁愿相信皮格马利翁的姐姐艾丽莎并未参与其中。"最艰巨的工作是将文献资料与考古现场的发现进行比对。首先是关于建城日期的推断，文献中称这最晚发生于公元前814年，这与考古研究的结果相吻合。然而，新近对位于比尔萨山岗以东比尔·马索达（Bir Massoûda）墓穴所进行的发掘工作令人们对这段历史有了更为深入的了解。墓穴的建造形式是在岩石中凿出的竖穴坑墓，位于地面以下 4.31 米，其中很可能放置了骨灰瓮。据专家分析，此类型的墓穴被称为"伯基"（pozzi），是古代火葬墓的一种，可追溯至公元前 8 世纪。得益于冶金工艺的发展，此建造形式在这一世纪末或公元前 7 世纪初被淘汰。自这一时期直至迦太基建立

➤

迦太基的考古地层剖面实物展示，来自比尔萨山岗上"汉尼拔区"的考古发掘地点（© AMVPPC/INP，图片摄影：利达·塞尔米 [Ridha Selmi]）

抛开公元前 146—前 46 年城市被彻底遗弃的整个世纪不提，现存的文献资料可以帮助我们对古迦太基城从公元前 9 世纪末—公元 13 世纪末所历经的兴与衰进行评述。在 1270 年圣路易远征起，哈夫斯王朝的君主们决定将迦太基城池夷为平地，以打消世人对它所怀有的觊觎之心。在比尔萨山岗系统进行的考古挖掘工作将一个被命名为"汉尼拔"的布匿人居住区展现在世人眼前。从中出土的陶制品有可能与建城之后出现的相关文献资料相互印证。

从天然堆积的生土层开始，比尔萨山岗的地层结构分为 6 个文化堆积层：

1. 位于布匿文化层的古代墓葬（公元前 8—前 6 世纪）。墓穴占据了位于山岗的南部和东南部的侧翼。
2. 位于布匿文化层的冶金作坊（公元前 5 世纪末—前 3 世纪）。在此阶段，手工炼铁、炼铜工艺在比尔萨有所发展。
3. 位于布匿文化层的居民住房（公元前 2 世纪上半叶）。山岗南部和东南部的坡面上布满了房屋。这一文化层中最上层展示了公元前 146 年罗马人对迦太基城所造成的破坏，随后即是被彻底遗忘的一个世纪。
4. 罗马平地层（公元前 1 世纪下半叶）。在罗马共和国末期和罗马帝国初期所进行的城市重建工程中，比尔萨山岗从以"巨柱"所支撑的布匿遗址被开辟成为一个巨大的高地平台。
5—6. 罗马、汪达尔、拜占庭和伊斯兰文化层。

第一章 布匿迦太基：艾丽莎城

后约一个世纪间，亡者的世界逐渐落幕，生者的王国隆重登场。

迦太基是泰尔的殖民地，但是，我们可以说它是由违抗了泰尔当权者意愿的逃亡者们所建的吗？这一点还有待商榷，因为它始终与自己的母亲保持着密切的联系，每年都会派遣使团前往梅尔卡特神庙参加庆祝祭典。

第一章　布匿迦太基：艾丽莎城

从村庄到城市，从比尔萨到迦太基：有关城市地形的说明

迦太基最初的名称

拉丁语中的"*Karthago*"或"*Carthago*"，希腊语中的"*Karchedon*"，均源自腓尼基语"*Qart Ḥadašt*"，确切含义为"新城"。地中海的另外3座"新城"分别位于塞浦路斯、撒丁岛和伊比利亚半岛。此外，还有一些位于非洲的城市也被视为新城，如马戈马德（Macomades，今为阿尔及利亚的艾尔·马格巴和突尼斯的尤加），此名为布匿语"*Maqom Ḥadašt*"的音译形式，意为新定居点。还有纳波利斯（Neapolis，今为纳布勒），可被译为两种布匿语形式之一。

"新城"这一名称的出现就意味着旧城的存在。与罗马时期的状况类似，当时，尤其是在非洲，同名的城市通过添加形容词，如大（maior）或旧（maius）、小（minor）或新（minus）来相互区分。这一名称也可能是为了区别于比它更为古老的城邦，很可能是泰尔，也可能是其邻邦乌提卡（Utique，即古时的Utica）。然而，古代的文献资料中为迦太基保留了"比尔萨"这一名称，取自希腊语"bursa"，用来指代艾丽莎公主与她的同伴们最初定居的地点。塞尔维乌斯在他所著的《埃涅阿斯纪述评》（*Commentaire sur e'Énéide*）中指出："曾经的迦太基城呈双层结构：内部一层为比尔萨，外部围绕着另一座城市马加

023

利亚（Magalia）。"他明确指出，比尔萨是迦太基城所拥有的第一个名称。根据弗洛鲁斯（Florus）《罗马史纲要》（*Épitomé de l'histoire romaine*）的说法，比尔萨"就像是另一座城市"，甚至可以说是一个城中之城。此外，在查士丁《〈腓利史〉概要》中所讲述的传说也曾提到，在艾丽莎和她的同伴们选择的第一个建城地点，他们发现了一个牛头，但由于它预示了繁重的劳动和残酷的奴役，他们只能放弃此地。而在下一个地点，他们发现的是一个象征强权的马头。

这座城市在建成很久以后才被赋予"*Qart Hadašt*"这一布匿语名称。当时的城市区域已远远超出了比尔萨山岗的界限范围，向海岸的方向延伸，包括北边的博尔杰吉·迪德山（Borj Jedid）和南边的"托非"。主要包括了3个地区，它们随着时间的推移逐渐发展而成，各自的名称也相应地流传了下来：位于港口的下城，层叠交错坐落于山岗、圣路易卫城的上城（比尔萨）和乡村腹地（梅加拉/马加利亚）。

带有牛图像的剃刀，迦太基，公元前4世纪（© AMVPPC/INP）
传说腓尼基人在所选的建城地点发现了一个牛头，于是便决定放弃此地另寻它处。以此来看，迦太基注定要替代泰尔成为在非洲和地中海的霸主。

第一章　布匿迦太基：艾丽莎城

亚达米尔克墓出土的陪葬品，公元前8—前7世纪
(© AMVPPC/INP)

"比尔萨"作为"城邦最初的名字，可能从一开始就被用在所有较晚期的文献中，用于指代城市的中心区域"。目前，除了希腊语起源之外，对于其他语种名称的变化发展，我们仍一无所知：一些学者也曾对布匿语名称进行研究，但无法排除这一利比亚地名是根据"比尔萨"的希腊语转写而成。考古发掘结果表明，"迦太基"是一个凭空创造的词语，最早的考古证据可以追溯至公元前8世纪的前25年。在之前推断的建城日期和已知最早的考古证据之间所出现的较大时间间隔表明，迦太基在这几十年间仍旧是一个以茅草屋和棚屋构成的简单村落。然而，我们并不清楚，究竟从何时起，人们才将它视为一座真正的城市，为它增添具有纪念性的建筑装饰，修建各种公共建筑。

看见迦太基

古迦太基的地形图

古代时期的城市

早期迦太基城市的主要特点是,并未对居民的生活空间、亡者的墓地空间和手工业者的工作空间进行任何区隔。城市建在比尔萨山岗及其斜坡之上;东部的界限似乎与 5 米等高线相重合。在海岸线与第一重古围墙之间有大约 500 米的间隔,以两处地点为标记:迦太基－德尔梅赫(Carthage-Dermech)、伊

第一章 布匿迦太基：艾丽莎城

本·查巴特（Ibn Chabbat）和之后位于比尔萨南侧的比尔·马索达。突尼斯和比利时在2002—2005年联合展开的考古发掘工作中发现了一座古围墙，由两堵墙横向加固连接而成，整体厚度达到3.36米，建造年代可追溯至公元前7世纪中叶。此围墙所包围的区域应该与"牛皮的传说"中所提到的覆盖区域相吻合：根据塞尔维乌斯的考证，围墙周长为22斯达第（约为4 000米。stade，为古希腊长度度量单位，1斯达第约为180米），抑或按照保卢斯·奥罗修斯（Paul Orosius）的说法，略长于2英里（约3 000米）。根据德国考古团队的估算，围墙内的面积约为55公顷，但由于缺乏更为广泛的调查研究，还无法追溯城区的演变历程，进而对居民数量进行估算。

马戈尼德王朝时期的迦太基

唯一可以确定的是，在公元前5世纪末，迦太基经历了一次飞跃性的发展，原先被限定于比尔萨山岗及其前坡的界限范围已不足以容纳当时实际的人口数量。居住区域显然已越过古城墙的位置扩展至沿海平原。正是在这一时期，迦太基的当权者决定在海岸线自然防御工事最为薄弱的地点建造第二道围墙。德国考古团队在贝利克宫（Beit el-Hikma）遗址前方发掘出土了一段海墙。这一大型防御建筑工事体系修建于公元前5世纪末，由一堵带有塔楼和大门的巨大墙体组成，厚度为10肘（coudée，为古长度度量单位，1肘是从肘部到中指端的长度，约为0.5米），约等于5.2米。它将之前完全没有任何保护的沿

看见迦太基

公元前 8 世纪—前 146 年的迦太基：黄线为古代围墙；红线为马戈尼德围墙；蓝线为大迦太基区，包括了城市中心区和城郊农业区（制图：J.-Cl. 戈尔万 [J.-Cl. Golvin]，地图：哈杰尔·伽玛欧 [Hajer Gamaoun]）

海平原完全围入墙内。墙体由长达3米的石材砌成，再覆以白色灰泥。当旧围墙无法满足城市生活的实际需求时，新墙的出现解决了人口激增的问题。此后，城区横跨了整个平原地带，从比尔萨山的后坡一直延伸至海岸线；在西部和南部，已扩展至古工业区之外的港口；在北部，还建有一条防线，尽管确切路线还无人知晓，我们能确定的是它可将整座城市完全封入其中，并与防御海墙相接。

当罗马执政官曼尼里乌斯（Manilius）和坎塞勒斯（Censorinus）决定在公元前149年夏天围攻迦太基时，他们特意避开了海岸线，选择从地峡一侧攻入西墙，从突尼斯湖一侧进入南墙。两年后，曼尼里乌斯和西庇阿试图从海岸进攻，均以失败告终。但这道海墙的唯一的弱点位于港口一侧，在公元前146年，最后的总攻正是从此处开始，攻陷了比尔萨堡垒，摧毁了布匿城区。

大迦太基

最后一道用于保护城市和城郊农业区的防御体系颇具规模。它的知名度最高，皆因它在第三次布匿战争期间（公元前149—前146年）被详尽地加以描述和记录。古希腊历史学家斯特拉波（Strabon）将迦太基形容为"停泊的海船"，准确地概括了它的地理特征：一个大致呈三角形的半岛，东临地中海，南边有突尼斯湖，西靠乌提卡湾，也就是今天的阿里亚纳塞布卡

第一章 布匿迦太基：艾丽莎城

(la sebkha de l'Ariana)。在北部和西北部，它倚靠杰贝勒·哈维（Jebel Khaoui）和杰贝勒·雷梅尔（Jebel Rmel）山丘。在南部的突尼斯湖和大海之间，由半岛延伸出一块比现今的宽度略窄的土地。根据阿庇安《罗马史》(*Libyca*)的描述，它古今的宽度相差89米，约半斯达第。从南到北，从西迪·布·赛德（Sidi Bou Saïd）山丘处起，海岸骤然变得陡峭。在西部，地峡将它与大陆相连。此外，如果要寻找城墙，尤其是在第三次布匿战争时期建在此处的那段，就需要到突尼斯湖和大海之间，即海岸线低处连接半岛和大陆的狭窄地带，还有一处是在湖水与阿里亚纳塞布卡湾之间，它在古时与大海相通。此外，还有一个疑问是关于迦太基城郊的农业耕种区。在古代文献资料中，它拥有多种写法："Megara""Magara""Megalia""Magalia"。其中，如今的马尔加亚（Maâlga）位于迦太基城和拉马尔萨（La Marsa）之间，有待我们去探究的是：究竟在何时或哪个事件之后，它才被划入城墙之内？

根据斯特拉波《地理学》(*Géographie*)的记录，此城墙长300斯达第，相当于54 000米。这个数字未免过于夸张，实际上已超过了半岛的轮廓线周长，因此被认定有误。我们也许应该听一下历史学家蒂托·李维（Tite-Live）的说法，他认为其长度应为22/23英里，即33 000/34 000米。如果这一数字是准确的，那么城墙所包围的区域必然包括了北面的杰贝勒·雷梅尔山丘，再沿着整个海岸线，将从北面的阿里亚纳塞布卡湾和加马特角（le cap Gammart）到南面的港口地区全部覆盖其中。然后，再由东至西沿着突尼斯湖的北岸，直至萝伊纳（Laouina）南部。1949年，正是在此处，法国驻突尼斯部队总司令杜瓦尔将军，从空中发现了"直线形的痕迹，在光线适宜的条件下，能看到它以不规则的方式切断了萝伊纳机场东面的地形"。

我们在阿庇安《罗马史》的记述中找到了相关防御工事的记载。根据他的描述，当西庇阿成为整个地峡的主人，他从海到海，即在阿里亚纳塞布卡湾到突尼斯湖之间挖了一条长25斯达第（约4 400米）的护城渠。此沟渠建在迦太基城墙范围之内，同时这段城墙也应是沿着沟渠的方向切断地峡，以阻挡经由陆路向半岛进攻的军队。根据古代文献资料的记载，迦太基城在此处的防御工事由三条防线组成：一条护城渠、一面栅栏和一道真正的城墙。城墙高30肘（13.32米），不包括城垛和塔楼，厚30法尺（8.88米）。它内部的空间分为上下两层，下层容纳了300头大象。直到公元前3世纪，迦太基人才开始组建动物军团。可以肯定的是，公元前261年，在西西里岛发生的阿格里真托战役中，动物军团已然参战。上层则安置了可容纳4 000匹马的马厩，售卖饲料和大麦的商店，以及20 000名步兵和4 000名骑兵的营房。这道城墙的两侧每隔59米就设有一个向外突起的炮楼。

第一章 布匿迦太基：艾丽莎城

我们无法得知，迦太基当权者究竟是在何时、在具体哪次军事行动之后决定将此处作为防御体系的重点地段，很有可能就是在叙拉古僭主阿加托克利斯（Agathocle）于公元前310—前308年所发起的攻城战以后。在这一次战役之中，当他在比尔萨城堡城墙脚下扎营时，居然没遭遇任何抵挡。但也有可能是在雷古鲁斯（Regulus）发起的战役（公元前256—前255年）或晚些发生的雇佣军起义（公元前241—前238年）之后，才进行了相应的改建和加固。

所有这些迹象表明，位于突尼斯湖和阿里亚纳塞布卡之间的位置是整个防御工事体系中最为关键的一环，也是外来威胁最易入侵的地点。除此之外，在突尼斯湖的一侧、阿里亚纳塞布卡湾和沿海地区，本身已是易守难攻的地点，因此无须再对城墙进行加固。迦太基海岸沿线的地势一般都较为陡峭，罕有遮蔽物。如加马特角和西迪·布·赛德处均为悬崖峭壁，已令它拥有天然的防御工事。正如前述，防御工事体系之中的唯一弱点便是港口一侧，罗马人在公元前149—前146年的3年不间断地对它发动攻势，最终借助搭建的简易桥梁攻破了此处。

看见迦太基

布匿时期的大迦太基区域地形图（制图：哈杰尔·伽玛欧）

第一章 布匿迦太基：艾丽莎城

城市住宅区

我们对第一批居民定居地的状况几乎是一无所知。可以肯定的是，迦太基最终吸引了大批新居民，令这座城市迅速达到超大城市的规模，让从事各行各业的人们，从手工业者到商人，都能在此地安居乐业，因此，也不难想象，在这样的城市中已出现了高达6层的住宅建筑，正如阿庇安在他的《罗马史》中所记述的那般。

科克瓦尼（Kerkouane）是唯一保存下来的布匿城市，它为我们提供了与布匿城市规划相关的重要信息。这座城市出现于公元前6世纪前后约3个世纪后，即公元前256—前255年。在罗马执政官雷古鲁斯攻入此城之后，整座城市的日常生活戛然而止，因此城市空间被完好地封闭在双层围墙之内。尽管考古发掘工作还在进行之中，但目前已确定主要住宅区的绝大部分都被保留了下来。研究人员已证实居民大多从事捕鱼业，这也是本地居民的主要收入来源。通过对住宅设施的分析，便能大致了解人们的日常生活水平。住宅建筑的底层几乎都设有中央庭院。它们或简单朴素或饰有门廊，是家庭住宅中的核心空间，家庭活动室、储藏室、厨房、浴室、客厅等房间都分布在它四周。

科克瓦尼的住宅建筑群（©Mounir Fantar）

楼梯起步的设计通常会迁就卧室的位置，这一特点表明当时的建筑至少有上下两层。在科克瓦尼和迦太基，两层楼的设计已成为布匿民宅建筑的一个基本特征。位于迦太基汉尼拔区的住宅恰好能证明这一点，这里的居民很可能无法达到科克瓦尼居民的生活水平。他们的房屋显然是在匆忙之中修建而成，布局设计不够合理，面积也较小，也没有发现类似在科克瓦尼看到的真正的浴室。在汉尼拔区的住宅D区发现的旋转磨坊表明，这里尽管住宅建筑并不宽敞，但依旧会分出一些房间作为商店或作坊。此外，在这里需要借助木梯才能到达建筑的第2层。

与寸土寸金的汉尼拔区相比，迦太基另一个位于海边的住宅区马戈区则根本无须修建双层建筑。此地是在马戈尼德王朝统治

第一章 布匿迦太基：艾丽莎城

科克瓦尼住宅房屋内的坐浴设施（©AMVPPC/INP）

科克瓦尼城（制图：J.-Cl. 戈尔万）

迦太基的时期进行开发建设的。第一批建造的房屋面积大小适中，设计布局各异，不设围墙，就建在距与它同时开工的海墙约 30 米的位置。从公元前 2 世纪初开始，这一区域经历了重大改建，开始出现了装饰精美的豪宅，通常由较小的旧房组合改建而成，其中一些房屋的面积超过了 1 000 平方米。除了饮用水水井之外，每栋房屋还会配备几个地下蓄水池。在这些供富人居住的房屋建筑之上，往往能看到带有柱头装饰的粉饰灰泥圆柱和壁柱。

右上：汉尼拔区，局部（©AMVPPC/INP）
右下：位于马戈区的布匿住宅建筑（©AMVPPC/INP）

第一章 布匿迦太基：艾丽莎城

看见迦太基

从城市到地中海大都市：要冲之地西西里岛

泰尔的衰落

迦太基在地中海的日渐崛起与泰尔的逐渐衰落是同时发生的：在公元前9—前8世纪，泰尔断断续续地沦为亚述人的附庸城邦，它无法彻底摆脱这一境况，并丧失了它作为腓尼基"首都"的地位。它试图通过与法老塔哈尔卡（Taharqou，公元前690—前664年在任）结盟来重拾过往的辉煌，但当亚述人攻占了埃及，泰尔再度沦为亚述帝国的附庸地。公元前587—前574年，泰尔又被巴比伦国王尼布甲尼撒（Nabuchodonosor）率军围困了整整13年，最终被其占领。后来，它又落入了波斯人手中。可以说，自公元前8世纪末起，泰尔城可谓是不堪一击，可能正因为如此，它的居民纷纷携家带口，前往迦太基安家落户。

我们还无法确定迦太基究竟是在何时成为海上强国的。它每年都会向宗主国派遣使团，与其长期保持着紧密的联系。如果它不是在公元前6世纪下半叶首次出征西西里岛和撒丁岛并大获全胜，随后又继续攻克了科西嘉岛，再于公元前535年在阿拉利亚（*Alalia*，今为科西嘉岛城市阿莱里亚）战胜了福西亚人，根本不可能拥有逐渐摆脱泰尔城殖民统治的实力。军事上的胜利和随之而来的经济强盛使迦太基获得了一定的优越感，令它决定减少向泰尔和伟大的梅尔卡特神所进贡的礼物数量。通常

第一章 布匿迦太基：艾丽莎城

马戈区模型（弗里德里希·拉科布 / 戴伊 [Friedrich Rakob/DAI]）

礼物的价值相当于城市收入的十分之一。可以说，迦太基的影响力是通过它在西班牙所建的贸易站，尤其是伊比萨岛而进一步扩大的（西西里的狄奥多罗斯《希腊史纲要》[Bibiothèque historique]）。

这种权力的角逐有可能是在公元前6世纪末，最迟也不会晚于公元前5世纪初就已尘埃落定，远早于发生在公元前480年的希梅拉之战。当时，迦太基俨然已成为西地中海主要的海上和商业强国，其他腓尼基殖民地则对它俯首听命。不然，面对希腊人的威胁，它们只能听天由命。只有被置于迦太基的保护之下，才有可能避免相继沦陷的命运。

海港的基础设施

至少从公元前 6 世纪中叶起，迦太基的海上霸权地位依赖于它所掌握的航海技能。它需要拥有一支庞大的舰队，以及用来停泊和进行船舶维护的海港。在阿庇安的《罗马史》中，我们能读到对迦太基港口的基础设施最为详尽的描述，其中他借鉴了波利比乌斯一篇已佚失的文章，后者曾亲眼见证罗马人占领迦太基的时刻。这是一个人工开凿的内港，根据阿庇安的描述，它的"一部分为四边形，另一部分为圆形"。今天，我们能看到的是两个相邻的泻湖，一个为圆形，中心是一个圆形的半岛；另一个勉强算是椭圆形。当时，船只通过矩形的港口进入内港，它周围环绕着砂岩搭砌的墙岸，两侧则是仓库。美国考古团队已在此处的挖掘现场发现了一个长约 20 米的仓库。随后，穿过一条通道，船只便能进入到圆形港口，即军事港口。尽管根据目前的挖掘进展，此通道还未出土，但我们已能确定它的位置。这些港口设施应该建造于公元前 3 世纪中叶前后。

根据目前的研究进展，我们已经可以对环形港口的中心部分进行复原，它常被称为海军统帅岛。这一属于海军统帅的要塞堡垒被一条运河所包围，它两侧均为船舶的停泊位，总计 30 个，其中每一个长度在 30~50 米。目前的发掘工作正沿着此

第一章 布匿迦太基：艾丽莎城

环形结构推进，复原了围其而建的门廊。此处可以容纳140个长达40米的停泊位。那么，港口总共设有170个停泊位。再结合阿庇安所提供的信息，确定这里总共可停泊220艘船，换而言之，内港之中最大的停泊位可容纳2艘船舰。

这些港口设施从何时开始建造？可以肯定的是，阿庇安所描述的港口布局已是发展到布匿时期晚期的状况。根据美国考古团队的发现，在公元前350年之前，这里有"一条宽15～20米、深2米的海水通道……穿过未来的布匿港口所在地……（并且）延伸到后来成为矩形港口西侧的环形港口的南侧"。通过这条通道，船只便可直接抵达"托非"。在它附近人们发现了一个用卡本半岛（Cap Bon）的哈瓦里亚（El-Haouaria）砂岩所建造的短石柱，上面没有任何装饰或雕刻，仍包裹在木质外壳中。后来，此通道被淤塞或填埋，用于建造新的港口。据我们所知，矩形港口比环形港口的建造时间更早。通常认为，前者建于公元前3世纪末，后者则是在第三次布匿战争爆发前不久。我们有理由认为，在公元前202年发生的札马战役之后，当罗马人迫使迦太基烧毁它大部分战舰，只保留十几艘三桅帆船时，此港口工程已经开始动工。正如赛尔吉·兰赛尔（Serge Lancel）所述，港口所承担的基本功能是船厂，承担了船舶的维修、维护，甚至是制造等工作。

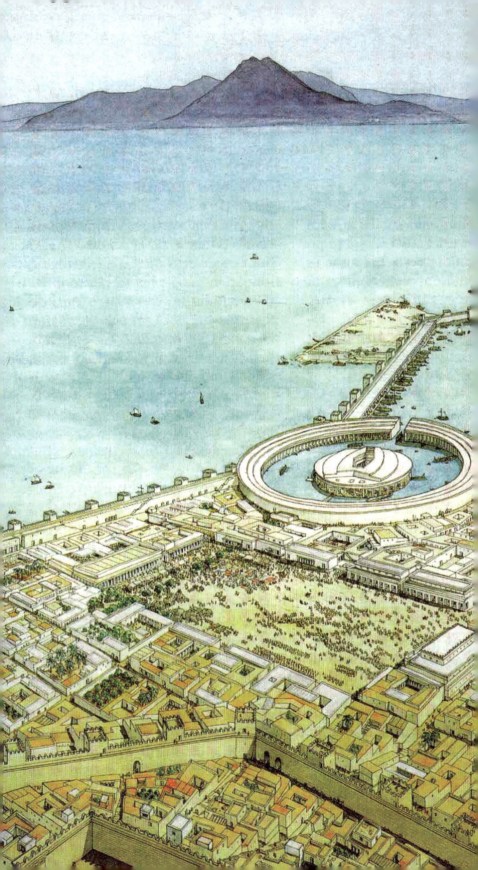

第一章 布匿迦太基：艾丽莎城

迦太基的布匿港口（制图 J.-Cl. 戈尔万）

根据阿庇安在他的著作《罗马史》中的描述："迦太基的港口布局是这样的，船只可以从矩形港口直接驶向环形港口。从海上进入，首先要经过一个宽 20.72 米的入口，它通常用铁链封闭。港口的第一个部分专为商船所用，配备了大量的停泊位。内港的中央建有一个小岛。小岛和内港周围环绕着大型码头，拥有可容纳 220 艘船的停泊位，它上方为渔具商店。每个停泊位的前端均饰有 2 根爱奥尼式立柱，这令内港和小岛的外侧为门廊所环绕。在中心岛之上，为海军统帅所建造的堡垒可用于对港口进行监视。作为战争信号的号角声和信使的呼声正是从此处发出。该中心岛位于海港入口的正对面，它所处高度既可以令统帅看清海上的情况，也让那些从外海来的人无法轻易窥探港口内部的状况。即便是对于那些搭乘商船进入港口的人们，他们也难以察觉军火库的存在，因为后者被双重围墙和大门紧密地包围了起来，而商船仅停留在港口的前侧，根本不会靠近军火库的所在地。"

045

看见迦太基

商船与战船

早在迦太基建立之前,腓尼基人就已熟知主要的海上航线。其中第一条连通东西方的航线,无须任何经停,全程耗时 1 个月。它最初仅为一条北方航线,通往撒丁岛和西班牙的银矿。由于风力的缺乏,南方航线已产生了变化,需经停大苏尔特,这就令水手们不得不先往北绕道航行至克里特岛,然后再南下驶向直布罗陀海峡。此外,还有从叙利亚－巴勒斯坦海岸到塞浦路斯的航线和从北非海岸穿越地中海至西西里岛和撒丁岛的航线,或从后者到巴利阿里群岛和伊比利亚半岛的外海航线。

在造船领域,迦太基不仅继承了泰尔的工艺水平,并将它发展成为真正拥有"预制"规模的造船业。位于马尔萨拉(Marsala)的沉船(公元前 3 世纪中叶),即古利利俾(Lilybée)海军基地所在地,向我们展示了一种便捷且创新的造船技术,特点是

海军统帅岛(© AMVPPC/INP)

第一章 布匿迦太基：艾丽莎城

用线条和字母标记木板，然后以镶榫接合的方式将它进行安装组合。装配时再以方形的翻边铜钉和铁钉加固，之后再在外部以填料捻缝填满，最后覆以树脂和铅条。

最著名的商船非高卢思号（Gaulos）莫属，其名来自腓尼基词根"*GWL"，意为"圆形"。因为它仅靠风帆推进，所需船员数量非常少。我们已知的还有一艘名为伊波斯（Hippos）的船只，它的名字意为"马头"，是一种常出现于船首的装饰。相较而言，战船的样式更为复杂，在它甲板的两侧，船首和船尾的位置分别设有船楼。位于船首的部分可用于向敌人投掷石块和燃烧的箭，饰有神像雕塑或标志，最常见的是一双巨眼的图案，被视为具有引领船只躲避危险的神力[1]，它们的存在可令敌方船只丧失战斗力。与商船相比，战舰的长度至少是它宽度的 3 倍，这种设计可令它在出其不意遭受撞击时具备真正的防御能力。

在希腊语和拉丁语的文献之中，作者会不加掩饰地将战舰的发明归功于腓尼基海军。五十桨战船是一种以 50 个船桨驱动的船舰，在公元前 8 世纪之前就已投入使用，也是当时最常见的战船类型。但至少在希腊化时期之前，无可争议的海上女王是公元前 7 世纪初出现的三列桨座战船，它的创新之处在于，

---

[1] 为了保护自己不受由嫉妒者和被嫉妒者所施加的有害咒语的影响，迦太基人常携带以下几种物品来辟邪：护身符、十字架、荷鲁斯之眼、圣甲虫像、小雕像等。他们通常将这些物品作为项链吊坠贴身携带。

看见迦太基

布匿战船

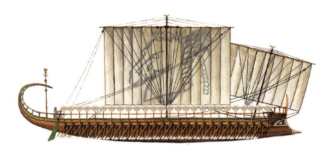

迦太基三列桨座战船。最初战船会以风力驱动,在开战时,便改由桨手手动推进

每艘船配备 3 排错落有致的桨手,总计 154 名,以减少船体的长度和高度。

西西里岛,迦太基的战略要地

从公元前 6 世纪起,希腊和迦太基之间爆发的战争中断了古代文献中关于西西里岛历史的记载。这是两个追求军事和商业版图扩张的强权之间的对抗,同时也是两种文化之间的碰撞。二者之间的冲突历史可以追溯至他们在岛上共存的最初阶段。根据希腊历史学家修昔底德《伯罗奔尼撒战争史》(*La guerre du Péloponnèse*)的记述:

第一章 布匿迦太基：艾丽莎城

腓尼基人（即迦太基人）出现在西西里岛的各个角落，占据了海边的岬角和海岸附近的小岛……但当希腊人从外海大量涌入时，他们就搬离了岛上的大部分地区，仅在莫特耶（Motyé）、索隆特（Solonte）和巴勒莫（Palerme）等邻近伊利米亚人领地的区域聚居。因为无论是他们与伊利米亚人所建立的同盟，还是此地是西西里岛距迦太基最近的地点这一事实，都能让他们拥有一定的安全感。

正是在公元前8世纪的下半叶，腓尼基人在莫特耶小岛上开始建立自己的势力范围。在他们的古代墓园中发现了距今时代最久远的初期科林斯式陶器，墓园的建造年代在公元前730—前720年。

随后，利利俾、索兰托（Solanto）和巴勒莫等地也很快成为其贸易站点。然而，根据文献资料记载，希腊人早在公元前735年就建立了纳克索斯，次年又建立了叙拉古，随后又在西西里岛东部和南部海岸建立了其他几个殖民地。正是这些贸易站点的建立决定了各自的势力范围。腓尼基人成为西西里西部岛民的庇护者：包括了海岸边的伊利米亚人、以伊利克斯山脚下的伊利克斯和塞格斯塔等主要中心地区和位于内陆地带的西卡尼人。随着时间的推移，双方的摩擦愈演愈烈。迦太基首先想利用它在西西里岛西部的势力范围控制从西南部至非洲海岸、从西部至巴利阿里群岛和伊比利亚半岛、从西北部至撒丁岛和科西嘉岛、从东北部至伊特鲁里亚的多条海路。虽然希腊

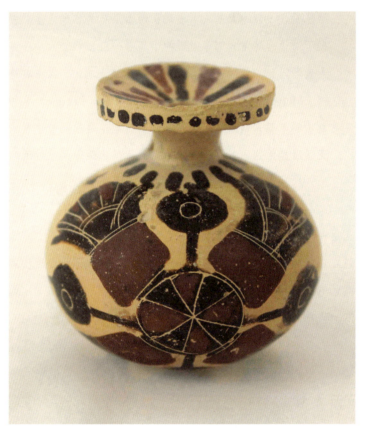

带有莲花装饰的薄口球型瓶，公元前 6 世纪初，现藏于迦太基国家博物馆
（© AMVPPC/INP）

人也想掌握制海权，但他们沿海岸线建立的一连串殖民地其实是为了寻找适宜的农业用地。尽管二者的初始目标不尽相同，却始终势同水火。从公元前6—前3世纪，在接踵而来的战争中，双方总是轮流坐庄，然后再签订毫无效力的条约。从公元前265年起，罗马人也加入了迦太基人与希腊人之间的混战，

第一章 布匿迦太基：艾丽莎城

公元前8—前6世纪布匿人和希腊人在西西里岛的势力版图
（制图：哈杰尔·伽玛欧）

当时他们的势力已扩展至意大利南部。直到公元前241年，在第一次布匿战争结束时，他们已彻底将整个西西里岛纳入自己的势力版图之中。围绕该岛所发生冲突的频次和激烈程度都揭示了它在地中海所拥有的重要战略意义。

希梅拉的反攻

冲突的规模在公元前5世纪初达到了顶峰。当迦太基人的势力逐渐壮大时，西西里岛上的希腊城邦出现了拥有强权的僭主：杰拉（Géla）的僭主杰隆（Gélon）攻占了叙拉古，从公元前485年起成为西西里岛东部大部分地区的君主，并在他的主要

051

看见迦太基

希梅拉景观,凯旋神庙

盟友阿格里真托的僭主泰隆(Théron)的协助下,向希梅拉的僭主,同时也是迦太基的盟友特里罗斯(Térillos)出兵。迦太基自然不会坐视不理,对它进行反击。于是,公元前480年,双方在希梅拉的城墙下兵刃相接。这场决定性的战役以迦太基的失败、军队的毁灭和受降为俘而告终。根据希罗多德《历史》的记述,迦太基军队的统帅哈米尔卡(Hamilcar)一直留在迦太基布匿人的营地里以牺牲献祭,在他得知这场战斗的最终结局之后，便投身于燃烧的火堆，成为最后的祭品。这位希腊历史学家还补充道，迦太基人因此将他视为英雄，并为其竖立了一座纪念碑。结束军事冲突时签署的条约并没有为迦太基带来毁灭性的后果，因为它依旧可以保留在西西里岛西部的大部分领地，代价是需支付 2 000 塔兰（约 50 吨）银币的战争赔款。

公元前 409—前 396 年的战争和希米尔科·马戈尼德的灾难

经过长时间的休整，迦太基在公元前 409 年再度开始东征西讨，此时正值伯罗奔尼撒战争期间，分别以雅典和斯巴达为首的两方希腊势力已相互开战。趁此时机，迦太基首先攻克了塞利农特（Sélinonte），从而巩固了它在西西里岛西部的阵地，随后又在公元前 406 年在希米尔科的协助下，顺利夺取了阿格里真托和杰拉。在叙拉古，一个新出现的僭主大狄奥尼斯奥斯（Denys l'Ancien）在斯巴达的支持下试图拯救杰拉的命运，但已于事无补。他最终与迦太基签订条约，承认后者对西西里岛西部的占领。在接下来的几年中，大狄奥尼斯奥斯利用这一和平时期建立起一支强大的军队。随着弹射器和五十桨战船的发明，公元前 398 年，当瘟疫在非洲肆虐时，他对迦太基宣战，夺取了莫特耶，并将它彻底摧毁，城中的居民逃至利利俾。两年后，迦太基在首领希米尔科的带领下，派出一支强大的军队对叙拉古发起围攻，摧毁了乡村，并劫掠了得墨忒尔和科雷神庙，据西西里的狄奥多罗斯的记述，这次亵渎神灵的行动最终导致了布匿军中的瘟疫大流行。此次战场上的失利成为迦太基政治史上的一个重要事件,马戈尼德王朝因此终结,它的文化和宗教传统也逐渐希腊化。为了获得西西里岛神灵的宽恕,人们开始在迦太基举办祭礼,以此来敬拜这两位女神。而指挥此役的迦太基将军在与大狄奥尼斯奥斯签订了条约后被其同胞所鄙弃,在回到迦太基后便结束了自己的生命。

所缔结的条约重复了先前的条款内容。它再次确认了迦太基拥有从该岛西部至希梅拉河的占领权,后者在希梅拉浴场附近流入地中海。这片领土上居住着先前就成为腓尼基殖民地居民的迦太基人、在腓尼基人定居西西里之前就已生活在此地的原住民西卡尼人和伊利米亚人,以及两座希腊城邦——塞利农特和赫拉克拉米诺亚的居民。他们都需向迦太基进献贡品。

公元前4世纪的平衡状态

在公元前4世纪,条约中涉及的条款也分别在公元前376年、公元前366年、公元前338年、公元前313年和公元前306年被陆续沿用。虽然每次两方势力中的一方都想把对方彻底赶出西西里岛,但结果总是不可避免地按照之前商定的分界线对该岛的领地进行划分。似乎交战双方终于在公元前5世纪找到了一种既能令他们以各自的方式实现目标,又能继续维持平衡关系的状态。上述提到的每一个日期都标志着一场冲突的结束,导致对抗状态发生的事件极为相似,例如,希腊城邦攻

第一章 布匿迦太基：艾丽莎城

打迦太基人在西西里岛的聚居地，主要是针对利利俾，或是迦太基对叙拉古和位于岛上南岸的希腊城邦发动袭击。在两次冲突之间，双方都试图提高自己的战斗力，以赢得下一场战役。

对希腊这方来说，军事行动通常是由叙拉古的驻军所主导，小狄奥尼斯奥斯（Denys le Jeune）在公元前367年接替了其父大狄奥尼斯奥斯之位，成为迦太基人在战场上的主要对手。在它经历了混乱无序的内部统治管理之后，被迫于公元前344年让位于科林斯人泰摩利昂（Timoléon）。此时，迦太基人开始利用叙拉古的内部分裂发起攻势。公元前339年，泰摩利昂以劣势兵力在克里米索斯（Crimisos）河畔一举击败了迦太基，这一壮举让世人钦佩不已。在这一世纪晚期，叙拉古当时的僭主，也是稍后成为国王的阿加托克利斯并没依照希腊人与布匿人处理双边冲突的常规行事，反而将战火引向了非洲。他于公元前310—前308年组织了一次名声大噪的远征。西西里岛的狄奥多罗斯载述了一个充满戏剧性的事件，展现了当时迦太基城所面临的混乱状况：当阿加托克利斯接近该城时，城中的300名儿童被献祭于神祇巴勒·哈蒙（Baal Hamon）以平息其愤怒。最终，该冲突以迦太基一方的获胜告终，令其不仅完全恢复了对西西里岛领土的统治，还向阿加托克利斯索要了巨额的战争赔款。

看见迦太基

皮洛士的冒险：迦太基与罗马的协议

公元前3世纪，在迦太基向罗马采取重大军事行动之前，双方曾在伊庇鲁斯的国王皮洛士（Pyrrhus）远征西西里岛（公元前278—前276年）时建立起了一段合作关系。皮洛士于公元前280年应塔兰托（Tarewte）的求助在意大利南部登陆，助其抵御来自罗马的军事威胁。这位希腊统帅为了巩固其在意大利领土取得的胜利，想乘胜追击，成为从迦太基手中抢回希腊在西西里失地的第一人。然而此次进攻在对方的军事实力面前毫无胜算。两年后，皮洛士试图在意大利卷土重来，但最终仍败下阵来。为了结束这种毫无意义的对抗状态，罗马和迦太基在公元前279—前278年缔结了一项条约，其中迦太基提出将其舰队交由罗马支配，用于将罗马军队运送到双方即将交战的战场。这一条约的签署不仅表明了罗马人在向迦太基交出制海权的同时也承认了其海军的绝对实力，而且也意味着罗马宣称它对意大利之外的领土也拥有一定的野心。几十年后，在第一次布匿战争中，罗马在西西里岛开展的军事行动已证明了这一点。公元前241年，迦太基在西西里岛的统治正式落下帷幕。

西西里的迦太基人和希腊人

正是通过迦太基人和希腊人在西西里岛频繁而激烈的军事对抗，以及约两个世纪以来考古研究的进展，我们才对迦太基

第一章　布匿迦太基：艾丽莎城

的历史有了初步的了解。我们仅在西西里岛最西侧的莫特耶发现了一个真正的布匿人聚居地，它在公元前398年被遗弃，也因此才能将其具有显著腓尼基文化特征的实物完好地保存于地下，尤其是在墓地和托非的所在地。此外，布匿人聚居地在利利俾和巴勒莫也略有发现。迦太基人与希腊人之间所建立的关系，无论是在和平时期还是在战争时期，均呈现出一种多重性和持续性。在受其直接管控的地区，迦太基人可以密切地接触到希腊文化，像伊利米亚人就深受后者的熏陶。而布匿人对西西里岛西部的希腊城邦也产生了持续不断的影响力，尤其是对于位于通往叙拉古道路沿途的城市，如从公元前5世纪末起被划入迦太基势力范围的塞利农特，以及阿格里真托和杰拉等城。

此外，迦太基人开始在希腊城邦进行相对稳定的商贸活动。但在公元前398年，大狄奥尼斯奥斯开始大肆袭击迦太基在叙拉古建立的贸易站点，掠夺过往船只，类似的情况在其他希腊城市也时有发生。即便如此，两种文化之间的交流并不鲜见，但在希腊人看来，迦太基人仍属蛮族，所以人们观察到的多为迦太基人在不同领域受到希腊城邦的影响，无论是海军、武器装备，还是在经济领域。自公元前5世纪末起，迦太基人在西西里岛铸造了风格华丽且使用希腊数字系统的泰德拉克（tétradrachmes，泰德拉克为古希腊钱币，1泰德拉克价值相当于4德拉克[drachme]）银币，明显受到了希腊艺术风格的影响。其实，在日常生活中，希腊物品的使用更是常见，尤其

油画作品《被拯救的年轻皮洛士》，作于1643年，作者：尼古拉·普桑（Nicolas Poussin），现藏于卢浮宫

是陶制器具。此外，许多在西西里岛经商的布匿人都能讲希腊语。希腊语在军中也通用，就连在布匿城市莫特耶发现的墓志铭上使用的也是希腊语。

科西嘉和撒丁岛

科西嘉与撒丁岛的状况大相径庭。人们大多认为，前者的命运取决于后者，换而言之，外来势力对科西嘉的干预往往取决于撒丁岛的局势和自身对科西嘉的重视程度。公元前6世纪，科西嘉岛与世隔绝的状态被福西亚城邦（Phocée）于公元前565年在岛上所建的阿拉利亚城（今为阿莱里亚）所打破。30年之后，迦太基先是攻入此城，又以此为基础最终在公元前525

第一章 布匿迦太基：艾丽莎城

年在撒丁岛上也占据一席之地。这一战果确保了撒丁岛的稳定局势，因为断绝了希腊人后续采取军事行动的可能性。在希腊人黯然退场之后，科西嘉岛则被迦太基交予盟友伊特鲁里亚手中。

迦太基最终接替了腓尼基在撒丁岛上的统治地位，这至少持续了2个世纪之久。它开始全面加固其贸易站点如在塔罗斯（Tharros）、诺拉（Nora）、卡拉利斯（Caralis）、苏尔西斯（Sulcis），也许还有奥尔比亚（Olbia）的军事防御工事。在公元前509年缔结的第一项罗马—迦太基条约中，迦太基人将撒丁岛视为"自己的财产"，并禁止罗马人在岛上永久定居。此外，在公元前348年签订的第二项条约还禁止罗马人在此岛开展任何贸易活动或建立城邦。但当罗马取代了伊特鲁里亚入主科西嘉岛，后者即成为两股强权势力之间的缓冲地带。这一状况一直持续到第一次布匿战争的爆发。

在公元前5—前4世纪，科西嘉岛被卷入了西西里岛的希腊人、伊特鲁里亚人和迦太基人之间的混战。公元前453年左右，叙拉古在韦基奥港湾建立了一个军事据点（Portus syracusanus）。面对撒丁岛，这个哨所可以阻断迦太基人的海上航路和撒丁岛对西西里岛驻军的粮食供给。尽管科西嘉岛具有重要的战略意义，但人们认为它并不具备真正的定居条件。文献资料显示，它荒芜的海岸线并不利于建立任何殖民据点。

这个由玻璃浆制成的布匿吊坠可追溯至公元前 5 世纪末,卡萨比安达墓(阿莱里亚),118 号墓(© 阿莱里亚博物馆考古部藏品)

在伊特鲁里亚的多德卡波利斯[1]陷落后,迦太基加强了它在阿拉利亚(在公元前 271 年)的军事戒备,并取代了伊特鲁里亚在此地的统治地位,以至于在诗人卡利马库斯(Callimaque)的笔下,该岛是"腓尼基人的土地"。文献资料还显示,当时迦太基与科西嘉岛已建有同盟关系。正是在这一背景之下,第一次布匿战争爆发了。发生于公元前 259 年的这一场战役,让罗马人一举攻下了科西嘉岛和阿拉利亚城,雄霸第勒尼安海域。

---

[1] 是指所有 12 个伊特鲁里亚城邦。

第一章 布匿迦太基：艾丽莎城

从那时起，科西嘉岛被罗马人用作对战撒丁岛的远征基地，后者已成为迦太基的领地。

公元前243—前241年，罗马人在战场上取得的连胜战绩彻底终结了岛上战乱频仍的局面。最终签署的和平条约要求布匿人"放弃意大利和非洲之间的所有岛屿"。接下来几年中，科西嘉和撒丁岛上不断爆发反抗罗马的起义，背后的推手正是迦太基。罗马派出大量的军队，成功地镇压了叛乱，平定了整个地区。公元前238年，科西嘉岛与撒丁岛合并，成为第二个罗马行省：撒丁尼亚和科西嘉卡（Sardinia et Corsica）。

从那时起，地中海西部的3座大岛都被并入罗马的势力版图。迦太基在此地败局已定，便将目光投向西班牙，以弥补其在战场上蒙受的损失。

迦太基在马耳他岛

该岛位于通往东方的海路之上，地理位置优越。《伪斯拉克斯行纪》（Le périple du Pseudo-Skylax）写于不晚于马其顿菲利普统治时期（公元前360—前336年），其中提到，戈佐岛和马耳他岛属于迦太基。由于意识到二者的战略价值，迦太基毫不犹豫地加强了其防御体系，例如，在第二次布匿战争期间（公元前218—前201年），特意留下近2 000名士兵以捍卫岛屿，但这并不足以阻挡罗马人的攻势。腓尼基－布匿人在姆迪纳·拉巴特（Mdina-Rabat）留下的足迹已得到了考古证实，在那里发现了以岩石凿刻的布匿人棺椁所构成的墓园。而在梅利特（Melite）南部的发掘工作出土了用于祭拜神祇巴勒的祭祀瓮和石碑，这也证明在此地曾存在一个足以与迦太基"托非"相媲美的祭祀场所。此外，在高卢思（今为戈佐岛）也发现了布匿人的墓地。

与罗马缔结的第一项条约

在成功击退多里乌斯（Dorieus）意图夺取西西里岛西部军事行动的 1 年之后，迦太基凭借其在地中海和非洲的强大地位，与新成立的罗马共和国缔结了第一项条约。在希腊历史学家波利比乌斯看来，这份条约以晦涩难懂的拉丁语撰写，规定了迦太基人是"西西里岛一部分的主人……任何前往西西里岛的罗马人，即便是在受迦太基管辖的地区，也将享有与他人同等的权利"。该条约的另一项重要条款是禁止罗马人及其盟友进入非洲大陆的港口，并且"不得航行至'美丽岬角'（Beau Promontoire），除非因风暴或战争原因不得已而为之"。如果船被迫驶向此处，船员们将被禁止出售或购买任何物品，除非是为了购买航行或祭祀必需品。即便如此，该船也必须在 5 日内离开。

唯一仍引发争议的是关于"美丽岬角"的确切位置，究竟是指法里纳角（cap Farina）、西迪·阿里·麦基角（Ras Sidi Ali el-

第一章　布匿迦太基：艾丽莎城

马耳他岛的布匿语和希腊语双语献词，写于公元前 2 世纪，现藏于卢浮宫博物馆
"大烛台"，由呈立方体的底座支撑，底部基座带有边饰，其上为一个纺锤形的灌木丛。高度：105 厘米。
布匿语版本："致我们的守护者梅尔卡特，致我们的泰尔城邦之主，这是来自您的仆人阿布多西尔和他的兄弟奥西尔沙马的奉祀，奥西尔沙马之子，阿布多西尔之子，愿他们的声音得以倾听，愿他们得到庇佑。"
希腊语版本："来自狄奥尼索斯和塞拉皮恩，塞拉皮恩之子，泰尔之子，献予该城的守护者赫拉克勒斯。"

Mekki)，还是卡本半岛（Cap Bon）？这两处岬角恰好能够将迦太基海湾完全围住。波利比乌斯解释说，这项限制性条款关乎到拜扎凯纳（Byzacium）和加贝斯湾的贸易站点，迦太基意图将这两地排除在与罗马人的贸易活动之外。因此，我们可以确定，当时迦太基完全控制了突尼斯的东海岸和位于今天利比亚海岸沿线的大部分地区，其势力范围最远可至位于大苏尔特

063

看见迦太基

根据公元前 509/ 前 508 年签订的条约,禁止或准许罗马人进入的区域

从公元前 6 世纪末起,特别是卡本半岛和萨赫勒的沿海城市无法与罗马直接进行自由贸易活动。因此,在最后一次布匿战争中,他们集体选择与罗马同一阵营也就不足为奇了。在 7 座与迦太基对立的城邦中,有 4 座均位于萨赫勒地区:哈德鲁梅图斯(苏塞)、小莱普提(Lepti Minor,今为拉姆塔)、塔普斯(Thapsus)和阿乔拉(Acholla)。此外,如果将乌扎利斯(Uzalis?)也包括其中,就增至 5 座城邦。这类事件无疑加速了迦太基的最终毁灭。

的菲利尼斯兄弟祭坛处。波利比乌斯《历史》中,双方在公元前 348 年所缔结的第二项条约指出,罗马人"在任何情况下都不能在撒丁岛和非洲进行贸易活动或建立城邦",充分证明了迦太基对这些地点所拥有的实际控制权。

第一章 布匿迦太基：艾丽莎城

菲利尼斯兄弟祭坛

一部分人推测，祭坛位于拉斯·艾尔·阿利（Ras el-Aali），而另一部分人觉得应在格雷特·格萨尔·特拉布（Graret Gser et-Trab）。当时的人们一致承认，菲利尼斯兄弟祭坛所在地是迦太基和希腊昔兰尼之间的领土边界，因一对年轻的迦太基兄弟所创下的壮举而闻名。根据撒路斯提乌斯（Sallustus）的著作《朱古达战争》（*Bellum Iugurthinum*）的记载，迦太基人和昔兰尼的希腊人为了争夺对大苏尔特（今为利比亚的苏尔特湾）的控制权而长期对峙，双方决定在选定的一日各派两名运动员从各自的领土出发，他们相遇的地点将是区分两地领土的边界。迦太基运动员的速度更胜一筹，而来自昔兰尼的对手则恼羞成怒地对这一结果发出质疑，但菲利尼斯兄弟决定誓守他们所划定的边界线，以至于不惜被沙土掩身，惨遭活埋，也不允许昔兰尼人侵犯迦太基领土的一分一毫。为了纪念这二人的奉献精神和他们所展现的英雄主义情怀，迦太基人在两兄弟殒

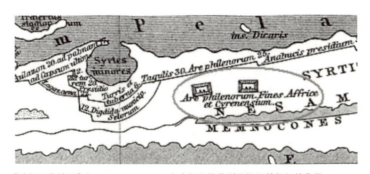

《波伊廷格地图》（*Table de Peutinger*）中标注的菲利尼斯兄弟祭坛的位置

命的地方建起两座祭坛。此地也因此被命名为菲利尼斯兄弟祭坛（Philaenorum arae）。

在"美丽岬角"的另一侧，则是迦太基很早就开始涉足的北部海岸，早已殖民地林立。

航海家汉诺的旅程

自希梅拉一役失利之后，迦太基不得不在公元前480—前409年的70年间闭关自守。正是在此背景下，希米拉科"被派去探索欧洲外海"抵达了康沃尔群岛（Cornouailles），而航海家汉诺"王"的伟大征程也发生在这一时期，此旅程因其著作《汉诺行纪》而闻名。这次航行目的是在直布罗陀海峡之外、沿大西洋海岸一路向南，建立新的殖民地。此举足以证明当时迦太基在利比亚北部海岸的势力范围可远至丹吉尔（Tanger），它为汉诺建立的第一个迦太基殖民地。此外，《伪斯拉克斯行纪》在记述沿利比亚海岸的行程中也曾提到，沿途的城市和贸易站点，从利比亚的大苏尔特到摩洛哥的赫拉克勒斯之柱的地域，全部属于迦太基。

据老普林尼《博物志》（*Naturalis Historia*），此次航行发生于迦太基的鼎盛时期，与公元前7世纪末和前6世纪间迦太基人在西地中海大规模定居的时间线相吻合，或者按照查士丁《〈腓利史〉概要》的说法，在公元前475—前450年，

第一章 布匿迦太基：艾丽莎城

迦太基人"完成了在非洲大陆的伟大征程"。这次行程持续了35～40天，从加的斯出发，"共60艘船，每艘配备50名桨手（五十桨船），随船人员包括了3万男人和妇女，载满食品和货物"。经过2日的航行，汉诺建立了殖民地蒂美特利昂（Thymiatêrion，即丹吉尔），然后抵达索罗伊斯（Soloeis，即斯巴特尔角，位于丹吉尔湾南部）。在那里，他建造了一座海神庙并建立了5个殖民地……之后，他在小岛塞尔内（Cernè，很可能是莫加多尔/索维拉小岛）停靠，先以"香油、埃及石、野猪……阿提卡陶器、量酒器……换取羚羊、狮子和猎豹的皮毛，大象皮和象牙，以及家畜的（皮）"，并将新移民留下。从塞尔内出发后，船队连续航行了20多日后，在一个灼热的海岸登陆。当人们登上一座被称为"查尔"或"众神的支柱"的火山最高处，喀麦隆山便出现在视线之内。3日后，船队抵达南角，但由于供给的短缺，不得不决定返航，回到迦太基。汉诺将自己的旅程记录和他得到的两三张大猩猩皮留在了当地。公元前146年，这些铭文记录和皮毛被摆放在"托非"进行展示。当时，很有可能是由波利比乌斯将他的文字内容译成希腊语，才令它在迦太基各地流传。

公元前348年缔结的第二项罗马—迦太基条约的内容证明了当时后者对利比亚海岸的控制权。该条约将迦太基、泰尔和乌提卡视为一个整体，意味着迦太基是以其自身及其盟友，即所有腓尼基—布匿聚居地的名义与罗马进行谈判："罗马及其盟友是其中一方，迦太基、泰尔、乌提卡及其盟友是另一方，他们应

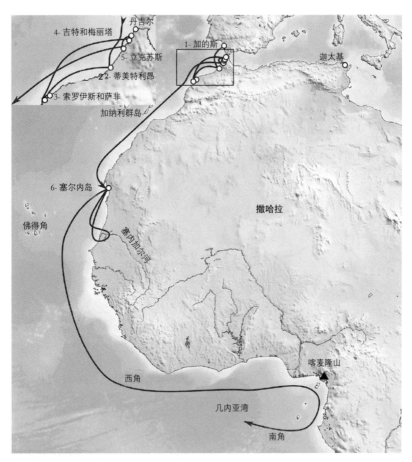

汉诺可能的航程路线

在以下条件下保持友好关系……"泰尔出现在条约之中不足为奇,但乌提卡的存在未免令人有些费解,除非我们承认它是在迦太基这座布匿大都市之后依旧存在的非洲重要城邦,并且远在迦太基建立之前就已经在北非海岸建立起殖民和贸易网络。

第一章 布匿迦太基：艾丽莎城

非洲帝国：一个边界流动的领地

当腓尼基人来到迦太基定居时，这一城邦已成为利比亚人的天下。这两种居民迅速地融合在一起，形成了古人所称的利比腓尼基人（Libyphenicians），这主要通过二者成员之间的通婚和利比亚酋长和迦太基贵族成员之间的政治联姻所实现。后者之中最具代表性的无疑是西法克斯（Syphax）与索芙妮丝芭（Sophonisbe）的结合，悲惨结局已众所周知。

迦太基人应该已与非洲众多部落中的其中一个——马克西坦人（Maxitans，亦称马齐斯人，Mazices）有所接触，后者大致占据了突尼斯北部直至南部梅杰尔达河（La Medjerda）的土地，由一位名为希亚尔巴斯（Hiarbas）的首领统治。此后，各类古代文献对于利比亚只字未提，直到公元前 310 年阿加托克利斯的入侵才令它留下了些许笔墨。自公元前 264 年布匿战争爆发后，相关记载俯拾皆是，不仅有关于军事行动全过程的详细记载，还有针对本地居民与当地社会统治管理模式所进行的评论。

迦太基在很长一段时期内一直归属于利比亚王国。它的独立过程分为两个阶段进行。首先，当它在地中海取得第一次军事胜利后便决定不再支付土地的租金。其次，它开始征战内陆。对迦太基来说，希梅拉战役的失利不啻于一个惨痛的教训，令它意识到非洲大陆的另一侧，即西部的重要性，以及在成功地征服内陆领地时，需要及时平息当地的混乱局面。从那时起，拥

看见迦太基

油画作品《索芙妮丝芭之死》,作于 1670 年,作者马蒂亚·普雷蒂(Mattia Preti),现藏于里昂美术馆

索芙妮丝芭为将军之女,出生于一个迦太基贵族家庭。以美貌和教养而远近闻名。她曾与马西尼萨(Masinissa)订婚,却在公元前 206 年或公元前 205 年嫁给当时迦太基的主要盟友——马萨伊尔(Masaesyles)的国王西法克斯。但在公元前 203 年爆发的大平原战役中,西法克斯战阵,王国被马西尼萨吞并。马西尼萨决意仍娶索芙妮丝芭为妻,但西庇阿并不赞同,最终这位努米底亚国王决定将她放弃,宁愿以毒药将其赐死,也不肯将她作为俘虏献给罗马人。

有超强行动力的迦太基人便拥有了极为广阔的领地,所带来的财政收入也比贸易活动所得更为稳定。

关于迦太基人在非洲内陆所拥有的领地,我们既没能在文献中找到对它边界的描述与记录,也没有发现它与邻邦所签订的任何条约,因此至今无法确定它的具体界限范围。当迦太基这座

第一章 布匿迦太基：艾丽莎城

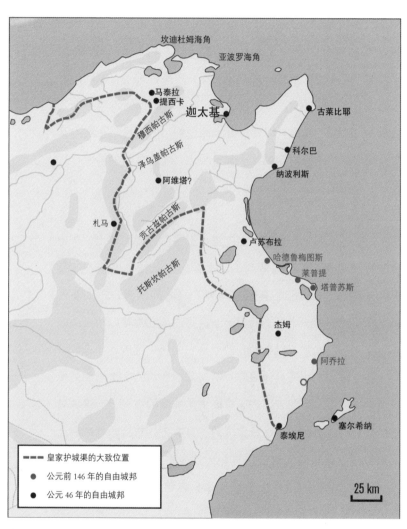

杰汉·德桑格（Jehan Desanges）绘制的旧阿非利加行省地图

布匿大都市称霸一方时，它拥有相当广阔的领地。但在公元前202年，当迦太基失利于札马战役之后，领土大幅缩水。到公元前146年，仅包括突尼斯东北部和东中部地区，它的边界从西北部的塔布拉卡（Tabarka）一路蜿蜒曲折向东南方向，直至斯法克斯（Sfax）以南1万米的泰纳（Thina）。在迦太基覆灭之后，位于突尼斯的这一部分领土，成为罗马的第一个行省——"阿非利加"（Africa）。

其实，在迦太基灭亡之前，它应该拥有更为广袤的领土。斯特拉波在《地理学》中注意到，迦太基人仅兼并了那些不具备游牧生活方式的地区。阿庇安《罗马史》则认为，迦太基占领了利比亚王国一半以上的领土。这些说法显然难以核实。即便如此，一些线索可以帮助我们框定它的领土范围，如布匿语的传播路线，利比亚其他城邦对迦太基的政治、宗教制度的接受程度。上述信息都可以表明布匿文化扩张的方式，而这种对外扩张是可以通过和平手段实现的。事实上，布匿语是摩尔王国和努米底亚王国的官方语言，即便是在迦太基毁灭后也是如此：宗教献词、行政公文、皇家墓志铭和钱币铭文均用布匿语书写。唯有沙格（Thugga或Dougga）是一个例外，它在官方碑文中使用的是利比亚语。即便如此，在迦太基覆没后，布匿语在此处依然通用。

更为可靠的资料来源是关于在该大陆所进行的军事行动的种种记载。除了针对努米底亚国王或雇佣兵的内部冲突之外，

第一章 布匿迦太基：艾丽莎城

我们已知发生了4场战役，指挥官依次为：阿加托克利斯（前310—前308年）、雷古鲁斯（公元前256—前255年）、大西庇阿（公元前204—前202年）和最后的小西庇阿（公元前149—前146年）。总体来说，迦太基的盟友几乎都遭受到敌军有计划的攻击，后者决意将战火燃至非洲大陆。

此外，在第三次布匿战争期间，从行政管辖权的角度来看，依旧效忠于迦太基统治的城邦已被解散，降级成为村庄（castella）。

阿加托克利斯的军队已踏足卡本半岛，但我们对这一切究竟是如何发生的还一无所知。我们仅找到关于相关军事行动的一鳞半爪，例如，军队中一位名为尤马科斯的士官在此地西北部轻松拿下了从东到西分布的5座城市：沙格、贝伦（Philliné），位于梅杰尔达河北部栓皮栎地区的梅切拉（Masculula/Henchir Guergour），阿克·拉希普（Acra Hippou，今为安纳巴）和阿格

仙女之家鸟瞰图（© AMVPPC/INP）

纳波利斯（今为纳布勒）是迦太基在卡本半岛所设的一个贸易站，它在公元前310年被阿加托克利斯占领。据西西里的狄奥多罗斯的评述，这位僭主对其领地居民施以善政。

073

里斯(Acris？)。根据西西里岛的狄奥多罗斯的记述，最后一个为自治城邦。这一注释恰好说明了前4个城市原本是迦太基的附庸。

在公元前4世纪末，迦太基的领土至少已延伸到了位于今天阿尔及利亚东北部的希波雷吉斯（Hippo Regius，今为安纳巴）。我们是否可以理解为，在安纳巴之外，迦太基已失去了对其余所有海上贸易站点的控制权？这些贸易站点是由汉诺在航海旅行中所建，曾令马西勒、马萨伊尔和摩尔国王收获颇丰。尽管如此，在突尼斯和利比亚海岸，即大莱波提斯（Lepcis Magna，今为莱比达），它至高无上的地位在菲利尼斯兄弟祭坛所划定的区域依旧无可撼动。

在公元前202年，第二次布匿战争的最后一场战役就发生在札马。正是在此地，罗马人赢得了这场决定了迦太基和马西尼萨努米底亚王国未来命运的重要一役。

公元前247年，在第一次布匿战争期间，迦太基将领汉诺占领了一座名为赫卡托皮洛斯（Hécatompylos）的大城，它亦有"百门之城"之称。根据圣经学者圣热罗尼莫（Saint Jérôme）的研究，这是位于阿尔及利亚东南部的泰贝萨（Théveste）城的希腊语名称，根据狄奥多罗斯的记述，汉诺正是在此地得到了3 000名俘虏，并将其收编成军。随后，泰贝萨先是被西法克斯国王所占领，后又落入马西尼萨手中。公元前241年，卡夫

第一章 布匿迦太基：艾丽莎城

古札马城（Zama Regia）（© AMVPPC/INP）

（Kef），即古时的西卡城（Sicca），作为迦太基属地，曾被派驻雇佣兵，而后者试图摆脱迦太基的控制。

直至公元前3世纪末，基于兵败札马的史实和公元前201年罗马和迦太基之间所缔结的最后一项条约，我们才对迦太基治下的领土范围多少有了些具体的概念。尽管该条约对于双方边境的界定相当模糊，但它明确指出：迦太基需放弃它在西班牙和非洲的非布匿区领土，仅可保留军事入侵行动之前它所拥有的属地。迦太基与努米底亚王国的边界，有"腓尼基坑地"之称，应位于大平原以西，阿尔及利亚的马道罗斯（Madauros，今为姆达鲁奇）以东。此坑地的位置标志着迦太基领土的界限，驻有守军，并且在必要时刻可以将俘虏收编变为士兵。

札马战役的失利成为马西尼萨的助力。他要求要回在腓尼基坑地区域内原本就属于其祖先的土地。为了表明其行为的正当性，努米底亚国王试图证明迦太基是用武力侵占了他的领土，对土地的侵占并非正义之举。简言之，这里没有一寸土地应该属于迦太基。

在公元前 162—前 160 年，马西尼萨成功地从迦太基手中夺取了 70 个城镇（oppida castellacus），位于突尼斯加贝斯湾和利比亚苏尔特湾之间的恩波利地区（Emporia，海上贸易站），从斯法克斯附近的泰纳到大莱波提斯之间的区域。10 年后，即公元前 152 年，他又夺占了位于图斯卡王国的马克塔里斯城（Mactaris，今为马克塔尔）周边的大约 50 个城市（poleis）。（阿庇安《罗马史》）

第一章 布匿迦太基：艾丽莎城

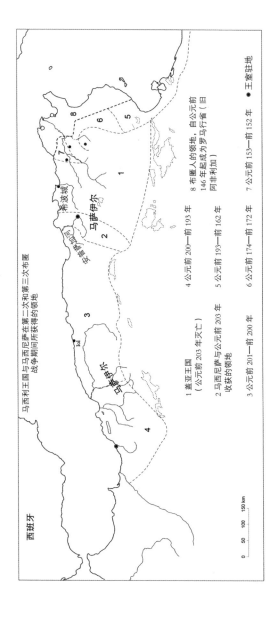

马西尼萨王国治下的努米底亚（路易斯·莫林[Louis Maurin]）

马西尼萨（公元前238—前148年）曾在西班牙与迦太基对战，视之为死敌。他同时也是令罗马在扎马一役获胜的主要功臣。

看见迦太基

加入地中海权力博弈的罗马

由于缺乏一位强势的统帅,与亚历山大和皮洛士的时代相比,希腊化时期的东地中海已今非昔比。在地中海的权力纷争之中,罗马将自己视为希腊一方的继承者,在很长一段时间内都与迦太基势同水火。面对罗马,迦太基有两个会严重降低它获胜概率的软肋:一是它没有一支正规且忠诚的军队,二是它领土之上的城邦和邻近王国尽管保证对它效忠,或者是维持中立,但是它们实际上从未完全参与它的征战大业。

第一次布匿战争和地中海诸岛的沦陷

其实罗马和迦太基之间一直维系着和平共处的局面,这一点从双方所缔结的一系列条约的内容可见一斑。其中,战争爆发前的 15 年,即公元前 279 年或前 278 年,在皮洛士远征意大利前夕所签订的为最后的条约。皮洛士的败北和公元前 275 年意大利人的撤离令罗马顺利占领了这片土地,自此,罗马与西西里岛仅以墨西拿(Messine)海峡相隔,罗马人对它志在必得。正是围绕着这一湾浅浅的海峡,酝酿着在当时最为激烈的军事冲突,或者正如波利比乌斯所描述的那般,这是"古代世界为我们所能呈现的最叹为观止的景象"。

墨西拿的马默丁人厌倦了其盟友迦太基,转而谋求与已成功越过海峡且已在岛上站稳脚跟的罗马人合作。墨西拿很快成为

第一章 布匿迦太基：艾丽莎城

罗马人的囊中之物，后者还与叙拉古的僭主希伦（Hiéron）结盟，并将当时由迦太基戍守的阿格里真托劫掠一空。罗马海军在战场上所取得的辉煌战绩要归功于乌鸦战术的发明。此战术令临时搭建移动桥梁，将海战迅速转换为陆地战成为可能。正是在墨西拿附近的迈尔斯（Myles），迦太基遭遇了第一次海战的失利。此役告捷之后，罗马人试图将战火引至科西嘉岛和撒丁岛，但未能如愿。

仿效阿加托克利斯的做法，罗马在公元前256年决定将战争输出至非洲。在两位执政官卢修斯·曼利乌斯·武尔索（Lucius Manlius Vulso）和马库斯·阿蒂利乌斯·雷古鲁斯（Marcus Atilius Regulus）的率领下，罗马军队挺进凯利比亚（Kélibia）附近的卡本半岛。在攻克此地之后，便开始在半岛大肆掠夺，当地居民只得舍弃了科克瓦尼城，远走他乡。但罗马在非洲的征战反而成为迦太基的契机，前者的将领雷古鲁斯在突尼斯附近的战役中被俘。在非洲战场遭遇失利后，罗马开始转战西西里岛。由于迦太基拥有利利俾和特拉帕尼（Trapani）这两个据点，最初的战况发展对它有利。罗马派出了一支强大的舰队，加强了对这两地的封锁，并成功地击垮了前来增援的舰队。迦太基在这场战争中的失利以割让西西里岛为代价，此外，还需支付2 200塔兰银币的赔款，即57吨，分10年缴付。条约中的其他条款还规定，迦太基必须遣返参与西西里岛战役的2万名雇佣兵。

科克瓦尼,一座历经磨难的城市。在屡遭希腊和罗马军队进犯之时,它的双层城墙无力抵御敌方的攻势,令它随时面临被迦太基舍弃的境地。科克瓦尼城最终在公元前3世纪中叶,很可能是在雷古鲁斯登陆之后,被其居民彻底遗弃。

雇佣军战争和科西嘉岛的沦陷

雇佣兵们被送至卡夫,也就是古时的西卡·维内利亚(Sicca Veneria)之后便苦苦等待。他们来自各地——非洲、巴利阿里、高卢、希腊、伊比利亚和利古里亚。面对接连失利且军费吃紧的迦太基,他们焦躁不安地盼望着能够尽早得到酬劳。终于,他们厌倦了在西卡的无望等待,决定在突尼斯附近安营扎寨,开始谋划反抗行动。此时,迦太基派来了一名和谈特使吉斯康(Giscon),以期在维持和平局面的前提下减少应支付的报酬。然而,特使之死最终成为一场无可避免的残酷战争的序幕。它很快就演变成了一场得到众多利比亚腓尼基城邦支持的真正的"革命"。雇佣军的部队人数迅速达到 7 万人，他们决意向仍效忠于迦太基的城市发起进攻，其中就包括了乌提卡和比塞特。面对这场危机，由哈米尔卡·巴卡（Hamilcar Barca）指挥的迦太基军队成功解除了乌提卡的围困之难，诱敌深入，顺利地分化了反抗军的军力。经过 3 年的战争，哈米尔卡将敌人引入位于杰贝勒-扎古安（Jebel Zaghouan）、杰贝勒-拉卡斯（Jebel Rçass）或杰贝勒-布科宁（Jebel Boukornine）附近的地点。波利比乌斯在《历史》中认为，正是在这个因形状与锯相似而得名为"锯"的地点，叛军被彻底击溃。战败后，雇佣军想撤回至撒丁岛，但却被当地的部落赶了出来。罗马借机派出一支远征军，彻底吞并了撒丁岛和科西嘉岛，并向迦太基征收了 1 200 塔兰银币（31 吨）的战争赔款。

尽管，这场雇佣兵战役于公元前 238 年以哈米尔卡的得胜告终，但却暴露了迦太基的不堪一击，与此同时，它领土内各城邦所产生的不满情绪也与日俱增。

在西班牙的冒险征途

岛屿的失陷和罗马所施加的沉重战争赔款令迦太基背负了巨大的财政压力，这促使它开始将目光转向西班牙。在此之前，它满足于从其雇佣兵和金属矿产资源所建立的联盟中获取最大的利益。但在公元前 237 年哈米尔卡远征之前，除了由伊比萨岛

看见迦太基

直接管控的巴利阿里群岛之外,迦太基与西班牙的联结基本上是通过贸易中转站来实现的,尤其是马拉加(Malaga)与加的斯两地。故而,此次在西班牙的冒险征途旨在加强对伊比利亚内部的控制,并确保沿马格里布海岸的海上交通线路的畅通。此外,迦太基也希望能接近招募西班牙雇佣兵的地区。

因此,哈米尔卡·巴卡在其女婿哈斯德鲁巴(Hasdrubal)和其当时年仅9岁的儿子汉尼拔的陪同下前往西班牙。他们在西班牙建立了一个新的王国,拥有驻军、都城兼兵工厂,可在本地铸造钱币,也与当地部族结盟,在很长一段时间内

西卡·维内利亚(Sicca Veneria),即今日的卡夫(El-Kef)(© AMVPPC/INP)
西卡位于突尼斯西北部,突尼斯城以西约 170 000 米连接迦太基和努米底亚北部的道路之上。它恰好坐落于悬崖上可俯瞰山口的地势之上,这一地形特征令此处在军事上具有显要的战略意义。公元前 241 年,正是在此城的城墙下方,为了得到应得的报酬,雇佣兵们只能听命于迦太基当局,开始撤退。

第一章 布匿迦太基：艾丽莎城

共同抗击罗马军队的入侵。该王国最初位于阿克拉－卢克（Akra Leukè，今为阿利坎特），后被迁至新迦太基（Carthago Nova，今为西班牙城市卡塔赫纳）。从公元前237年哈米尔卡在加的斯登陆到公元前209年西庇阿攻占迦太基期间，巴卡家族试图在此地建立一个世袭君主制王国。

哈米尔卡首先将注意力放在了瓜达尔基维尔河谷和南部梅塞塔高原的河谷，目的是确保掌控，以及深入开发金、铜、银矿产资源丰富的地区。定期运往迦太基的巨大财富令西班牙的探险活动备受瞩目，布匿人的商贸往来也相当繁荣。公元前231年，哈米尔卡建立了阿克拉－卢克城。此举表明了他想要平定和确保安达卢西亚海岸及其腹地的雄心，后者拥有丰富矿藏与巨大的农业发展潜力。他的策略是整合其占领地区的人口，建立一个基于庇护主义和内部自治的管控体系。在对因多特斯城（Indortès）凯尔特伊比利亚的军队展开屠戮之后，迦太基最终统治了整个伊比利亚的东南部地区。

哈米尔卡在公元前229/前228年去世，他的女婿哈斯德鲁巴成为他的继任者，后者还将其年仅18岁的妹夫，即著名的汉尼拔招至麾下。与其说哈斯德鲁巴是一名军人，不如说他是一名政治家，他在与当地人的外交往来中崭露头角：他又娶了伊比利亚一个小国国王之女，并设法以此让伊比利亚首领承认他的"国王"（stratègos autokratôr）身份。这一认可令这位西班牙的新"国王"能够开始组建他的新"王国"，并在公元前

228年起确定新都为新迦太基。公元前226年，哈斯德鲁巴所取得的功绩无法令罗马等闲视之，便派出使团与他进行谈判。双方最终达成了一项协议，即将迦太基的边界定在南部的维拉里科斯（Villaricos）与北部的埃布罗（l'Èbre）河之间，并将巴利阿里群岛纳入其中（波利比乌斯《历史》）。

汉尼拔于公元前222年在哈斯德鲁巴被暗杀后继任。他重新采纳了其父在任时所制定的扩张政策，将西班牙的西北部也收入囊中，首战的第一声冲锋号角于公元前221年在奥尔卡德人的首都阿尔塔亚（Althaia）响起。这位迦太基将军的战绩斐然，掌控了西班牙东南部三分之一的领地。在埃布罗河的另一侧，由于罗马的盟友萨贡托早已成为汉尼拔的眼中钉，后者在公元

巴卡家族在西班牙的领地

第一章 布匿迦太基：艾丽莎城

前219年便对萨贡特发起围攻。罗马人于公元前218年在安普利亚斯（Ampurias）登陆，控制了埃布罗河的北岸地区。由于双方连年对峙，战况似乎已陷入僵局，但随即而来的两军正面对决成为第二次布匿战争的导火索。

公元前209年，面对普布利乌斯·科尼利厄斯·西庇阿（Publius Cornelius Scipio）的强攻，新迦太基溃败，布匿西班牙自此成为罗马的属地。

汉尼拔的战争和马西尼萨的复仇

汉尼拔自小就生活在对罗马的仇恨之中，因此急于为公元前241年的失利和地中海岛屿的沦陷报仇雪耻。为了达成这一目的，他侵占了萨贡托借以挑衅罗马。他早在公元前219年底就向对方宣战，但实际上直到次年5月才真正发动军事行动。当时，他率领一支由9万名步兵、1.2万名骑兵和几十头大象组成的军队离开卡塔赫纳（Carthagène），向意大利进发。汉尼拔在此时犯下的几个错误，后续引发了灾难性的后果。首先，他在公元前218年离开西班牙时，仅留下一支规模不大的军队原地驻守，但这支军队在公元前217年面对敌人的突袭却只能在塔拉科（Tarraco，今为塔拉戈纳）放弃抵抗。其次，他先翻过比利牛斯山，再越过阿尔卑斯山，旅途的艰难已令他损失了大量的士兵和大象。但即便如此，在提契诺郊区、特雷比亚、特拉西梅内湖，汉尼拔依旧三战三捷，尤其是公元前216

看见迦太基

汉尼拔（公元前 247—前 183 年）
这位从 9 岁起就接受武器使用训练的战士，一生中的大部分时间都在海外度过。他可能是于公元前 247 年在迦太基出生，在西班牙度过他的青少年时期。在姐夫哈斯德鲁巴殒命之后，他从 29 岁开始统治巴卡家族在西班牙的领地，再从此地开始，发动了对罗马的伟大征战。罗马人先是在公元前 208—前 207 年将战火引至西班牙，再自公元前 204 年起染指非洲。公元前 202 年，汉尼拔败走札马，一年后双方在突尼斯城达成了和平协议。汉尼拔在 46 岁时回到迦太基，于公元前 196 年成为最高执政官。然而，他主张进行的改革损害了迦太基贵族阶层的利益，被逼无奈，最终踏上逃亡之旅，在罗马人的追捕之下，他于 12 年后在比提尼亚（Bithynie）结束了自己的生命，享年 63 岁。

年8月在戛纳，令罗马军队遭遇有史以来最大的重挫，近7万人战死。但随后，他便陷入了外交困境。正如布匿骑兵的统帅所评论的那般，汉尼拔知道如何取胜，却不知道如何从胜利中获利（蒂托·李维《罗马史》）。凭借累累战绩，他本可借势挥戈罗马，成为最后的赢家。然而，他所采取的策略反而是在政治上孤立对手，将其与意大利南部的领地隔离，并与后者建立公约。但他完全忽视了对手的军队调动能力。后者凭借此优势攻下了卡普亚（Capoue）和塔兰托，并将汉尼拔的军队钳制于卡拉布里亚（Calabre）。随后，罗马人踏足西班牙，最终将它变成了罗马治下的一个行省。此后不久，即公元前206年，西庇阿踏上了非洲大陆，与马西尼萨结盟。他们于公元前203年联手，力挫迦太基在大平原的盟友西法克斯。

此时，汉尼拔不得不返回非洲。他在莱普提登陆，前往札马，即公元前202年最后一役的主战场。此役将汉尼拔独特的个性和他在军事上能征善战的特点展现得淋漓尽致。札马一役失利

看见迦太基

后,他与西庇阿在突尼斯城近郊签订了条约,规定迦太基将保留其非洲领土,但属于马西尼萨的土地除外,后者为罗马在这场战役之中的主要盟友。此外,迦太基必须放弃其军事力量(即大象和战舰。此后仅能拥有不超过 10 艘船舰),支付沉重的战争赔款,即 1 万塔兰银币(258.5 吨),可分 50 年支付。最致命的条款,可被视为压倒迦太基的最后一根稻草,即规定没有罗马的准许,迦太基不得参与任何战争。

如果说札马一役的失败并非不可预见,那么迦太基被迫签署的和平条约则彻底削弱了它的军事实力,可以说,在公元前 146 年迦太基彻底毁灭之前,它的结局早已尘埃落定。

版画作品《札马之战》,作于 1567 年,作者:科内利斯·科尔特(Cornelis Cort)

政治与宗教：围绕王权和"托非"的诸多争议

正是在政治与宗教两个领域内，迦太基发挥了真正的影响力，不仅影响它的属地，也辐射至其邻近王国。整个马格里布地区对布匿语和迦太基的政治制度推崇备至，其也声名远扬至摩尔王国治下的摩洛哥沃鲁比利斯（Volubilis）和位于今天利比亚的大莱波提斯。它的宗教信仰以著名的塔尼特女神（Tanit）与巴勒神夫妇崇拜为主。努米底亚人供奉的也是这两位迦太基主神，为其所建的神殿几乎遍及其领土之上的各个角落。

王权问题

希腊语和拉丁语作家，尤其是亚里士多德（公元前384—前322年），对迦太基所制定的宪法不吝赞美之词，他们将它归类为"混合宪法"，皆因它汇集了当时已知三大主要政体形式中最精华的元素：君主制、贵族制（或寡头制）和民主制。

迦太基最初是由来自权贵家族的国王进行统治，但古代作者通常认为，他们是依据其拥有的财富和所获的功绩才能入选或当举，也就是凭借选举而不是其与生俱来的权利（希罗多德《历史》）。这几乎与罗马在建立共和国之前所遵循的原则相同。最初登场的是马戈尼德家族，于公元前550—前530年上台执政，一些作者认为，他们的统治期可能因公元前480年迦太基在西西里岛希梅拉一役的溃败而终结，而另一些作者则认为要等到公元前396年。此家族中一位名为汉诺的成员极有可能正是那位赫赫有名的迦太基航海家。随即而来的是汉诺王朝，由汉诺大帝所建。他的后人，准确地说是其子吉斯康（Giscon），大约于公元前340年起开始为人们所知。汉诺王朝的统治首先面对的是寡头派系之间的斗争所造成的混乱局面，随后又经历了外部战争的侵扰，正是这一系列战役令当时的另一权贵的家族——巴卡——从他手中夺取了王权。传奇将领汉尼拔的父亲哈米尔卡·巴卡成为第三王朝的开创者。几乎可以肯定的是，历任国王的人选是根据其作为军事将领和军队统帅的才略进行定夺。

王朝的王位并非在同一家族内承继，最高执政官，即名年行政官[1]一职的人选也是如此，类似罗马执政官。"苏菲特"（suffète）是迦太基最广为人知和分布最广的地方行政职位。这一腓尼基—布匿地方行政职责在公元前2000年末的比布鲁斯的阿希拉姆（Ahiram de Byblos）铭文中已经出现，在公元前6世纪的泰尔等地也能见到。到了罗马时期，"苏菲特"这一职位更是随处可见，无论是自治城市，还是随后被升级为城邦的罗马城镇，显示了一种结合了罗马和布匿政体特征的管理形式。

---

[1] 名年行政官是将其本名与担任行政职位的年份写在一起，例如，在铭文之中"（在）担任'苏菲特'的年份"之后出现的才是执政官的姓名。

第一章 布匿迦太基：艾丽莎城

提及"苏菲特"的布匿语铭文，迦太基，公元前3世纪

此布匿语铭文共7行："在朝向新门的方向开通并建造了这条街道，此门……'苏菲特'萨法特和阿多尼巴勒，与埃斯蒙希尔之子，B……之子和……之子，波德迈卡之子，汉诺之子和他们的同事，在阿多尼巴勒任执政官的时期，将此工程委托于阿比德迈卡（……之子，建筑师）、波德迈卡、巴勒汉诺之子、波德迈卡之子、耶哈维洛，波德迈卡的兄弟为道路工程师。城中的织工（或布商）行会，他们拥有小铸币（MHTT）的称重员、黄金冶炼者、海军、窑炉工匠、鞋匠……我们的簿记员对所有人施以1 000谢克尔银币的罚款"（杜邦·索玛译，1968）。这块残缺不全的铭文刻于一块黑色石灰岩制成的石碑之上，长25厘米，宽11厘米，厚度为5厘米，可能与公元前3世纪的迦太基城墙的建造工程有关。尽管围绕着它的译文与注释还存有诸多疑问和分歧，但专家普遍认为它显示了开凿海道和新建城门工程是同时进行的。

除了"苏菲特"之外,迦太基的铭文中还提到了"rab"一词,其义为首领,因此常作为一些名称的补语,与诸如军队统帅、祭司和书记员一同出现。此外,铭文中还提到了元老院,一个由104名行政官组成的审议庭和一个人民大会。古希腊哲学家亚里士多德对这一结构精妙的组织给予了高度评价,但它的机制和功能仍不得而知。

宗教:巴勒主宰的迦太基神系

在诸多古代文献之中,尤其是波利比乌斯《历史》所记述的《汉尼拔的誓言》,提到了一个构成相对复杂的迦太基神系。在公元前215年马其顿菲利普五世所发出的誓言基础之上,汉尼拔与迦太基的历任首领曾提到过9位神祇,均为希腊神灵。波利比乌斯将他们分为3组:宙斯、赫拉和阿波罗;迦太基的达蒙(daimôn)、赫拉克勒斯和伊奥劳斯;以及阿瑞斯、崔莱顿和波塞冬。他的记述令情况更为复杂,因为我们无法将迦太基的主要神祇与波利比乌斯所提及的神灵相互进行对照,尤其是巴勒·哈蒙(Baal Hamon)和塔尼特(Tanit)这二位,后者往往被认为与迦太基的守护神达蒙相关,也可与罗马城邦的守护神(Genius ciuitatis)相对应。

铭文的内容可以为我们进一步提供相关的细节。石碑的数量成千上万,仅在一处"托菲"就至少存有6 000块。在对它进行专名学研究的基础上,我们掌握了有关迦太基宗教性的相关信息。大量神名[1]的出现凸显了神与人之间的依存关系，以及父母在给孩子取名时的虔信程度。这一命名法可以帮助我们确定迦太基的神系构成。最具典型意义的可谓是腓尼基人，他们所崇拜的神灵为梅尔卡特（Melqart）、阿斯塔特（Astarte）和埃什蒙（Eshmoun），他们大量出现于"托非"的献词之中，绝大部分都是献予塔尼特和巴勒。塔尼特作为极为罕见的名字，出现了4次，但迦太基主神的全名"巴勒·哈蒙"居然遍寻不得。也许我们应该在与汉尼拔、哈斯德鲁巴的相关的铭文中寻找它的踪迹。

对于其他宗教建筑，我们只能借由古代作家的著作和碑刻铭文之中出现的寥寥数语对它们有所了解。第一座为埃什蒙神庙，埃什蒙等同于希腊医神埃斯库拉庇乌斯（Esculape），根据阿庇安《罗马史》的描述，它为迦太基最为雄伟和华丽的神庙，相传位于比尔萨山顶。阿庇安的记述告诉我们，此处是公元前146年春天迦太基抵抗罗马军队最后总攻的地点。最终，神庙被烧毁，在迦太基军队统帅哈斯德鲁巴向西庇阿投降之后，其妻也带着子女投身火海。

---

[1] 神名是以神的本名为基础而构成的专有名词。例如，萨图尼努斯（Saturninus）源自农神萨杜恩（Saturne），Hannibal意为"巴勒（Baal）所青睐的"，阿布多西尔（Abdosir）为"欧西里斯（Osiris）的仆人"，阿卜杜巴勒（Abdbaal）为"巴勒的仆人"，巴拉克巴勒（Barakbaal）为"巴勒所保佑的"，等等。

看见迦太基

迦太基,库藏(© AMVPPC/INP,图片摄影:利达·塞尔米)
石碑上展示了塔尼特女神的形象,她的头顶上方为一牙新月,两侧立有两柄神杖。石碑顶部饰有爱奥尼亚式柱头。

在迦太基城市广场的边缘,靠近商业港口的地方,曾矗立着一座阿波罗神庙。庙内立有一尊镀金的铜像,它在公元前146年迦太基战败后被罗马士兵带回了罗马,直到公元2世纪,它依旧被置于弗拉米纽斯广场的周围。一些研究迦太基的学者,尤其是弗里德里希·拉科布(Friedrich Rakob)认为这座神庙应坐落于迦太基城的伊本·查巴特(Ibn Chabbat)街,正是在此处出土了大量文物遗存和印章。在这些印章的背面依然能清晰地看到纸莎草和捆绑卷轴的绳子所留下的印记。此处的细节,再加上印章中有半数以上出现了埃及风格的装饰,令我们将它与埃及神祇幼童荷鲁斯而不是经常与阿波罗相提并论的雷谢夫(Reshep)相关联。

铭文中提到了另一位神祇:梅尔卡特。他有"城市之王"之称,亦为助腓尼基人施展其版图扩张

第一章　布匿迦太基：艾丽莎城

大业的卓越之神，可等同于赫拉克勒斯。迦太基城中应有一座供奉此神的庙宇，但在考古发掘中还未有斩获。根据这一类史料，有时会将他与西德之神相对应，但更多是与阿斯塔蒂联系在一起，后者会以"Milkashtart""MLK+STRT"这一名称出现，意为"居住于阿斯塔（Ashtart）的米尔克（milk）神"。

对于学术界和前往迦太基遗址参观的公众来说，令人遗憾的是，布匿时期迦太基修建的纪念性建筑是罕见的。在众多宗教遗迹中，仅确定了部分"托非"的确切位置，它集中位于阶梯式墓园的残丘之上。西西里岛的狄奥多罗斯曾提到的著名神庙和火场痕迹在地面上已荡然无存。此处的"托非"为供奉了神祇巴勒·哈蒙和塔尼特的露天神庙，以及一个可供存放骨灰瓮的多层"墓地"，其中主要摆放的是孩童与动物的焚毁残骸，用以供奉夫妻神祇和城市守护神。塔尼特（Tanit）究竟为何义我们还不得而知，而巴勒（Baal）意为主人或大人，作为其补语的形容词哈蒙（Hamon）则来自"HMM"这一词根，其义为"灼热的，燃烧的"。有些人认为此处还设有一座小型神殿，即"奈斯科斯"（naïskos），它常以石碑形式出现，可以说，这是由人们亲手为神祇所建造的住所。

看见迦太基

狄多区，伊本·查巴特街（© DAI）

此区的建造历史可追溯至公元前 750 年左右，此后一直到早期基督教时期均为居民区。它最初仅为一个民居住宅区。两个世纪后，即公元前 500 年左右，这些民居被两座外形呈 L 状的大型公共建筑所取代，它环绕着一个面积不小于 360 平方米的广场而建。此处出土了数量可观的黏土印章和祭祀仪式所需的陶制器皿，表明这里曾是一座神庙和存放文献档案的建筑，极可能存放的是与神庙相关的档案。古代文献曾多次提及这座供奉阿波罗的神庙。阿波罗通常被认为是腓尼基人的战神"雷谢夫"（Reshep），但鉴于此处出土的印章半数以上都带有埃及风格的装饰，或许将他视为埃及神祇幼童荷鲁斯更为恰当。埃及法老图特摩斯三世的图像装饰最具代表性，自公元前 2000 年起，他总共出现在 2 489 枚印章之上。

第一章　布匿迦太基：艾丽莎城

关于幼童献祭的问题

巴勒的圣殿，常被称为"托非"，无疑是迦太基的名胜之地，但它却饱受争议，焦点主要围绕着与幼童献祭相关的问题，因为他们遭受焚烧时，年仅 4 岁。关键性的问题是：他们被投入熊熊火焰时是否已不幸遇难？根据古代文献资料，回答是否定的，但根据人类学家的观点，答案又是肯定的。在考古学家没有进行精密的烧骨骨骼分析的前提下，我们不可能得知这些幼童在被焚烧时是生还是亡，因此这一分歧始终存在。赞同后者的人指出，迦太基的墓地中罕有儿童坟墓。在墓地本身稀缺的情况下，这些托非墓地很可能本身就葬有那些未满月、未度过哺乳期便夭折的孩童遗骸，他们自然也就成为巴勒神的献祭。

值得一提的是，几位著名的古代历史学家——希罗多德、修昔底德、波利比乌斯和蒂托·李维——对此事避而不谈。除了这沉默的证言之外，我们还需要考虑到希腊和拉丁历史学家对于迦太基所持有的偏见，他们有时会不加掩饰地对它进行谴责，尤其是在叙述祭祀场景的种种细节时。

然而"托非"怎么可能仅是儿童的墓园？换而言之，如果这些孩童确实为早夭，那么这里仅会出现与他们相关的碑刻铭文，我们又该如何解释这里数以千计献予夫妻神祇的铭文？又如何解释它坐落于商业港口附近这一事实？想来它必然意义重大，不然建造商店或仓库即可，就像罗马人后来所做的那般，没有理由将这一黄金地段留与亡者。

在人们对此展开激烈争论时,常常忽略了这一可能性,即在突尼斯和地中海其他地点进行的考古发掘工作也许可以为揭示或解决这一问题提供线索。事实上,自20世纪中叶以来,皮埃尔·辛塔斯(Pierre Cintas)在苏塞(Sousse),即古城邦哈德鲁梅图斯(Hadrumetum)"托非"的发掘工作可令人们不再就此进行争论,或至少是更为谨慎地参与讨论,而非感情用事。在此地"托非"的考古挖掘中出土了6层包含有祭品的文化堆积层,表明此处在罗马时代一直被人们所使用,直至公元1世纪末或2世纪初停止。据本地人特土良(Tertullian)的记述,一直到3世纪初,当时能主持此类祭祀仪式的祭司早已被提贝里乌斯(Tibère)下令处死,但非洲人并没有放弃他们原本的宗教信仰,仍然会偷偷地将自己的子女焚化作为献予巴勒-萨图尔努斯(Baal-Saturne)的祭品。

公元前146年,此献祭仪式在迦太基已绝迹,这并不难解释,因为从那时起,整座城市已被彻底摧毁,禁止任何人接近。然而,哈德鲁梅图斯人(Hadrumétins)由于在第三次布匿战争时已与迦太基结怨颇深,在此时反而能享有一定程度的自由。因它处于罗马行省执政官的权力管辖范围之外,成为自治城市,因此可以自由从事宗教信仰活动。对于之后哈德鲁梅图斯宗教习俗所发生的彻底转变,我们只能作出一种解释:作为自治城市的居民,原本可以开展的活动,如今却被禁止,只能

第一章　布匿迦太基：艾丽莎城

提尼苏特（Thinissut）的巴勒（位于比尔·布瑞格巴附近），1世纪（© AMVPPC/INP，图片摄影：萨拉·嘉宝 [Salah Jabeur]）

巴勒·哈蒙的形象为一位长者（senex），神态安详，令人敬仰。他端坐在一个带有靠背的宝座之上，两侧分置两座呈立姿的狮身人面像，后者既是他的助手又是他的守护者。该神留有短胡须，发顶上戴着高耸的羽毛王冠。

看见迦太基

"托非"外观(© AMVPPC/INP,图片摄影:穆罕默德·阿里·本·哈辛 [Mohamed-Ali Ben Hassine])

此露天祭祀场地在当时应该是一个封闭的区域。因四周已建有现代别墅,确切范围及面积已无法得知。我们用以指代此场所的"托非"一词并未出现于任何铭文之中。在一段布匿语铭文中曾出现"qodesh 巴勒·哈蒙"。此处的"qodesh"应为用以指代希伯来语中的"托非"一词,因为它"多次出现于《旧约》中,尤其是在预言书中曾提到,托非'最神圣'的地点就在本希农山谷(Ben-Hinnom)之中,那里是男孩与女孩被焚烧之地,与巴勒神崇拜有关"(兰塞尔《迦太基》)。

100

第一章 布匿迦太基：艾丽莎城

是因为他们失去了相应的自治权。昔日的自由之城已被罗马市镇所取代，成为朱利安市，自此被置于罗马及其执政官的权力统治之下。哈德鲁梅图斯对古代习俗的放弃意味着该城已开始遵奉罗马法律，同时这也说明，先前那些献予巴勒的孩童中，有些在被投入火场时并未亡故。

此外，近期由帕特里夏·史密斯（Patricia Smith）和保罗·谢拉（Paolo Xella）所进行的研究，以及对撒丁岛南部的苏尔西斯（Sulcis，今为圣安蒂奥科）托非的考古发掘结果，可令我们相信，以幼童献祭的情况确实存在。但这一祭祀活动既不多见也不成规模，正如我们在西西里的狄奥多罗斯的记述中所读到的那般：

迦太基，托非，公元前4世纪，巴尔杜国家博物馆

祭司石碑或带孩童的祭司石碑（1.18米×0.15米）出土于迦太基的托非祭祀地，呈现了一位穿戴科哈尼姆（祭司）长袍和头饰的人，他的右手举起做祈祷的姿势，左臂则抱着一个准备献祭的婴儿。这块石碑在1921年被盗墓者发现，当时他想将其卖给突尼斯的一位警察。

看见迦太基

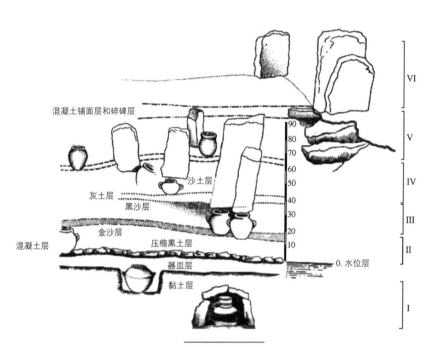

哈德鲁梅图斯"托非"的地层学分析

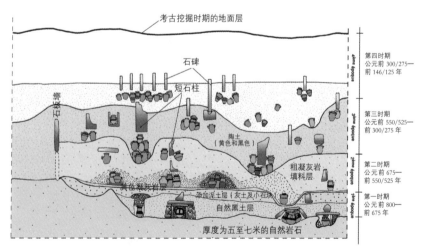

迦太基"托非"的地层学分析

第一章　布匿迦太基：艾丽莎城

迦太基人将他们刚刚遭受的战败归咎于神的旨意，便组织了大规模的祭祀活动……将这座城市（泰尔）视为母都，迦太基人曾有向这位神祇（赫拉克勒斯）贡献他们所有收入十分之一的惯例；但后来，当他们的城市变得富有和繁荣，就停止了进贡……而他们最近所遭受的苦难（公元前309—前308年，对战西西里岛的希腊人）令自己再度开始忏悔……在祭品中……有来自其庙宇的金色小教堂……他们也对曾疏远神祇克洛诺斯的行为进行自我谴责，因为人们最初曾以最有权势居民的年幼子嗣献祭，后来则放弃了此种做法，取而代之的是抚养秘密购买的孩童，再将他们焚烧用于敬神。调查表明，在用于献祭的孩童中，为数不少的都为假冒的权贵子女……此外，当人们看到敌人在城墙下安营扎寨时，便受到迷信思想的支配，从而产生恐惧心理，他们因放弃父辈的习俗而悔恨不已。因此，人们下令举行盛大的祭祀活动，从最显赫的家庭中挑选出

迦太基的托非石碑（© AMVPPC/INP，图片摄影：利达·塞尔米）

"致巴勒对面的塔尼特女神和主神巴勒·哈蒙，布提卡特，阿兹米尔克之子，阿多尼巴尔之子，STKS 之所誓。"

103

看见迦太基

200名儿童进行献祭；此外，一些市民在受到指责后自愿献出自己的子女，数量不少于300名。（以下是关于献祭仪式的一些细节描述）有一尊克洛诺斯的铜像，他的手伸向大地的方向，这样放在上面的孩童就会滚落到熊熊燃烧的火坑之中……似乎根据古老的希腊神话，克洛诺斯吞食了其子，这样看来，也不难解释为何在迦太基这一习俗得以流传。

——《希腊史纲要》

经济与物质文化

由于在非洲大陆拥有极为广阔的领地，迦太基成为一个农业大国，这令它在海上和商业领域的优势更为明显。迦太基的商人们已经开发出了可供主要农产品进行交易的商路。根据布匿制双耳瓶的流传分布状况，我们可以对其中一些贸易路线有所了解，其中一些双耳瓶上印有希腊文"Aris"和"Magon"的字样。普劳图斯在《年轻的迦太基人》（*Le jeune Carthaginois*）中记述，迦太基人精通多种语言的盛名已不胫而走，但这两位商人似乎急于让他们的产品销往更广阔的市场，尤其是希腊—罗马的领地，因而使用了当时在商贸领域通用的希腊语。

迦太基的诸多殖民地，尤其是位于大平原地区的领地成为小麦、橄榄油和葡萄酒的主要产地。公元1世纪末，老普林尼

第一章　布匿迦太基：艾丽莎城

的《博物志》也肯定了谷物在商贸交易之中的优先地位，他写道："大自然把整个非洲的土地都赐予谷神瑟雷斯（Cérès，在拉丁语中谷物一词为 ceres）；至于橄榄油和葡萄酒，它也乐于接受，因其丰收盛景也可为它带来相应的荣光。"在迦太基那些声名远播的树木植被中，我们注意到，除了非洲无花果树（ficus africana），还有石榴树，"布匿苹果树"也可被视为是真正意义上具有代表性的非洲产品，对此，老普林尼写道："非洲为布匿苹果（malum punicum）的产地，这一点从此水果的名称便可确认，它产自迦太基及其周边地区。"

当地的葡萄种植直到公元前 5 世纪才开始变得举足轻重，因为此前，迦太基的葡萄多来自阿格里真托（西西里岛的狄奥多罗斯《希腊史纲要》）。葡萄酒大多仅能在当地饮用，此外，似乎迦太基人有明显的酗酒倾向，这一点我们通过柏拉图《法律篇》的文字即可有所了解。他列举出一系列迦太基人所遵行的法律条款，尽管它们几乎难以执行，但依旧明文禁止战场上的士兵、正在执行工作的行政官员、飞行员、法官、奴隶饮酒……自由生长的橄榄树随处可见，多以野生橄榄树为主。位于捷尔吉斯半岛的兹塔·泽塔城（Zita-Zeitha）的名称似乎与腓尼基语中的"橄榄树"一词有关。利比亚人应该是受到马贡农学著作的影响，采用了一种特殊的橄榄树嫁接方式（老普林尼《博物志》）。

正如老普林尼所述，马贡对于如何种植橄榄树提出了具体的建议，比如，应根据土壤的性质，适合种植的季节和树与树之间

看见迦太基

迦太基，公元前 5 世纪（© AMVPPC/INP）铜质倒酒壶（0.25 米 ×0.14 米），柄把造型由两尊人物雕像组成：一座为手置于酒壶颈部的年轻人，另一座为一蓄髯男子靠于面具之上，他的两手抱于前者的头部。

"农学家马贡的制酒法"

"我们的元老院（罗马）给予其（马贡）无上的荣耀。在迦太基被攻占后，该城的图书馆已交予非洲的君王，但是，它唯独留下马贡的 28 部著作并决定将它们译成拉丁文。然而此时加图的专著业已完成（加图为罗马共和国时期政治家，曾著有《农业志》）。"（老普林尼《博物志》）

后来，一位居于乌提卡、名为卡西乌斯·狄奥尼索斯的人又将加图的著作译为希腊文。他经由科鲁迈拉（农学家，曾著有《论农业》）记录流传下来的食谱中有一篇曾提到如何以晒干的葡萄酿造甜酒：

> 采摘早熟的葡萄，其中发霉和变质的丢弃不用。将木叉或木桩打入地面，间距为 4 法尺（古长度单位，1 法尺相当于 325 毫米），之间以长杆连接；架上铺以芦苇，再摆上葡萄，令它置于阳光之下。夜晚则需以物将它遮盖，以免沾染露水。当它达到完全干燥的状态时，将葡萄全部取下，放置于罐中或壶里；尽可能倒入质量最佳的葡萄汁，它的高度需能完全盖过所有葡萄。到第六天，当葡萄完全吸收了葡萄汁，膨胀到一定程度后，便可将它装入袋中，再放入压榨机，开始收集它的汁液。然后，继续压榨葡萄榨渣，再加入由其他葡萄制成、已在阳光下放置了三天的鲜葡萄汁。搅拌均匀后，再对它进行二次压榨。随后，立即将榨出的汁液封入玻璃瓶中，这一步骤的目的是避免它产生苦涩味。在 20 天或 30 天后，当发酵停止时，将酒水完全倒出，另装新瓶。此时，立即将石膏涂于瓶盖之上，最后再覆以皮革。
>
> ——科鲁迈拉《论农业》(De re rustica)

此酒的制作方法与罗马的风干葡萄酒帕萨姆（passum）（老普林尼《博物志》）或意大利的风干葡萄酒帕赛托（passito）大致相同。

的间隔（13～23米）进行种植。根据古罗马历史学家奥雷利乌斯·维克多（Aurellus Victor）《恺撒》（De Caesarlbus）的记载，汉尼拔曾鼓励他的士兵种植橄榄树，以避免过于闲散的生活损耗他们勇猛的战斗力。这一情景应该发生于公元前203年秋天汉尼拔从意大利返回迦太基至公元前202年年底之间的某个时期。当时汉尼拔的指挥部设在哈德鲁梅图斯，札马战役才刚爆发。一个半世纪之后，《非洲之役》（Guerre d'Afrique）的作者指出，突尼斯的萨赫勒地区，即古罗马的拜扎凯纳行省，成为重要的橄榄油产地。

此作者所描述的萨赫勒地区的绿意盎然之景几乎与西西里的狄奥多罗斯《希腊史纲》所叙述的公元前310年阿加托克利斯的军队穿越卡本半岛时眼前的景象如出一辙，也与阿庇安对麦加拉（Megara）和邻近迦太基的乡村景象的描绘基本一致，波利比乌斯也曾提及这后两地的果园和菜园，可能解释了为何距海边不远的加马特城仍然保存有农舍的遗迹。该农舍在公元前3—前2世纪投入使用，是一个面积约为200平方米的小型建筑，分为上下两层，其中一侧为居住区，另一侧则是手工作坊，用于生产橄榄油。

令人出乎意料的是，在迦太基的石柱和石碑上最常出现的树木图像是棕榈树，尤其是在托非祭祀点，数量远超于石榴树和橄榄树。棕榈树尤其频繁出现于钱币图案这一事实也说明了它在众多树木之中居于首位。与石榴树的状况类似，某些蔬菜也被

看见迦太基

产自布匿的水果和蔬菜,迦太基,公元前4—前3世纪(© AMVPPC/INP)

来自托非的石碑,它的下部刻有一个爱奥尼式立柱,其上为石榴图案(© AMVPPC/INP,图片摄影:桑妮亚·哈菲亚奈 [Sonia Hafiane])

第一章 布匿迦太基：艾丽莎城

认为是产自迦太基，如迦太基卷心菜（又称利比亚卷心菜），迦太基刺菜蓟（洋蓟），供不应求的布匿大蒜，以及布匿豌豆（鹰嘴豆）。产自迦太基的农业作物还包括了迦太基的亚麻、药用月桂等；其他野生植物和水生植物则常用于制作篾条制品和草编制品。

手工业

在迦太基，原本供富人所使用的豪华餐具在很长一段时间内都是依靠进口，之后才逐渐开始生产及出口仿自希腊黑釉陶器和坎帕尼亚陶器的豪华餐具，后者早已充斥于当时的市场之中。进口陶器最早出现于公元前8世纪中叶，随后从公元前5世纪起开始大量涌现，但从公元前4世纪末起，希腊进口产品几乎在市场上完全消失，取而代之的是来自意大利的产品，尤其是坎帕尼亚A号陶器（公元前2—前1世纪产自拿波里的精细陶器，它也有可能于公元前3世纪后半叶出产自伊斯基亚岛）。所有这些都对布匿陶器的生产制造产生了相应的影响，出现了釉面、微黑色、灰色和红褐色等不同类型的陶器。最古老、经典的布匿陶器造型为梨形或烛台形（宽口）壶。

在迦太基的内陆地区，特别是在萨赫勒地区，出产了一种混合型陶器，以轮制法制成，但在造型上模仿了利比亚传统形式。除了陶制的日常餐具和烹饪用具，此时出现的商用双耳瓶能够让我们了解到食品工业的发展状况，尤其是葡萄酒、橄榄油和海鲜等产品。

布匿艺术在雕塑领域的发展比装饰艺术要略显逊色。说到雕塑，我们总会提到那些知名的装饰石棺，棺盖之上都会带有浮雕装饰。这些作品深受希腊和罗马艺术风格的影响，有可能是出自定居于迦太基的希腊雕塑家之手。装饰艺术作品构成了绝大部分我们所拥有的物质文化史料：陶俑、金属制品、宝石、象牙、装饰鸵鸟蛋、花瓶、面具等。考古发掘出土的墓葬器物可以令我们对迦太基人的基本日常生活有所了解。除了灯具以外，陪葬品的大部分为陶器制品：受希腊艺术风格影响，或以腓尼基工艺的轮制法制成的陶俑，它的正反面均施以红色。这些小型雕像可能为倒钟形或蛋形。波托姆雕像（Protomé，展现动物或神话人物的头像或头颈部的半身雕塑）与小型雕像的数量同样丰富，展现了布匿艺术的特征，可能同时也从希腊艺术中汲取了灵感；而面具的风格应该是融入了叙利亚—巴勒斯坦地区的风格。从类型学的角度来看，面具与波托姆雕像相仿，通常以一个单独的面部或连带半身的雕像为表现形式，但二者以图像学角度分析则有所区分：波托姆的脸部雕像通常或面无表情或面带笑容，而面具所呈现的往往是怪诞的面部表情。二者的尺寸基本与人脸大小等同。人们将它挂在墙上、住宅和坟墓中，以起到驱邪的作用。

与陶制品相比，金属制品和奢侈品则较为罕见，这不仅因为它们主要为进口产品，多经由西班牙贸易站点而来，而且价格不

第一章　布匿迦太基：艾丽莎城

菲。最主要的材料为金、银、铜和用于制作项链的宝石。在珠宝首饰之中，包括了工艺简单或复杂的耳环，带有动物头像、棕榈叶或莲花装饰的手镯，或是简单镶嵌有宝石的戒指，后者往往是由多种材料制成，且造型多样，一般带有埃及风格的装饰细节（狮鹫、狮身人面像和猎鹰）。最后，我们还找到了一些项链和带有挂圈的护身符盒，前者的吊坠部分混合了黄金、宝石和玻璃浆等材质。

在富人墓穴中发现的护身符也可被归为珠宝类器物。它们因采用了埃及式样的设计而显得与众不同。一般由釉面玻璃浆制成，常见的主要装饰图案为荷鲁斯之眼、蛇形标志，以及代表诸多埃及神祇的符号，比如与荷鲁斯和贝斯相关的图案，动物图案和诸如心、手、莲花和皇冠等象征符号。这些具有神奇功能的护身符中的一部分为进口商品，另一部分为本地仿制品。

圣甲虫造型有时会用在护身符的样式设计之中，它在迦太基的广泛流行证明了埃及文化对布匿工艺所产生的显著影响。它们多以釉面玻璃浆、碧玉、红玉髓制成……在迦太基出现的第一批圣甲虫护身符均来自埃及，它们的制作年代相当久远，可追溯至公元前7—前6世纪。还有一批自公元前5世纪开始大量出现，以碧玉和红玉髓制成，明显受埃及的影响较小，多为在迦太基本地制造，或是进口自撒丁岛，后者多来自塔罗斯（Tharros）。

看见迦太基

还有来自东方的骨制品和象牙制品,当然,也不排除在本地制作的可能性。在迦太基出土的最常见物品是带有埃及装饰图案的梳子,呈圆锥型的镜柄,以及与塔尼特女神象征符号和动物

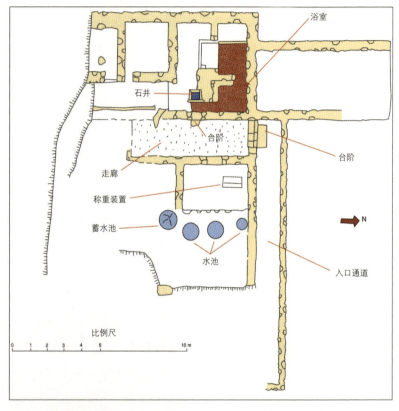

加马特的布匿别墅,公元前3—前2世纪(示意图制作:哈杰尔·伽玛欧)

第一章　布匿迦太基：艾丽莎城

迦太基的陶器，公元前7—前3世纪：灯，马形状的瓶壶，釉面玻璃浆壶，桌面双耳瓶，古风双耳瓶。迦太基国家博物馆（© AMVPPC/INP，图片：哈杰尔·伽玛欧）

看见迦太基

陶俑雕像和其他陪葬品，公元前7—前3世纪：烹饪场景，两张面具，手持扬琴的女神。迦太基国家博物馆（© AMVPPC/INP，图片：哈杰尔·伽玛欧）

第一章 布匿迦太基：艾丽莎城

项链，戒指，公元前7—前3世纪。迦太基国家博物馆（© AMVPPC/INP，图片：哈杰尔·伽玛欧）

圣甲虫印章，骨制骰子和柱头，公元前7—前3世纪。迦太基国家博物馆（© AMVPPC/INP，图片：哈杰尔·伽玛欧）

图案有关的吊坠；匣盒、刀鞘、勺子和笛子则较为罕见。

亡者的世界和墓葬建筑

在迦太基的初期阶段，火葬和土葬同样盛行。可以说，火葬仪式出现的时间更早一些，现存最古老、与此仪式相关的墓室于比尔萨山岗东南坡出土，它的建造年代可追溯至公元前8世纪的第二个25年。第一批墓葬墓室出现于这一世纪末期。布匿墓地建筑的原型显然源自迦太基。在那里，专家们发现了至少10种类型的墓地，包括了近30种不同变体的结构形式。最常见，也是最古老的为竖穴土坑墓，平均深度达到7~8米。此外，也有横穴式墓，成人被放入木棺、石棺或兜架之上，而儿童则会被置于横向切割的双耳瓶内。

有一种类型的墓葬建筑类似于"建于四角形平面之上的小房子，有横向通道，上方带有或不带三角形顶饰……(它显示了)当时迦太基在建筑技术领域的最高水平"。另一种类型的墓穴为简单或带有内壁衬的坑墓，其中可铺设或无铺加细灰泥层。它们大多于岩石上开凿，以石板平铺封闭。此两种建造形式均为单人墓葬，但竖穴土坑墓可能会带有不止一个墓坑。最具代表性的范例来自博尔吉·杰迪德山上的拉布斯墓园，在那里埋葬有该城的祭司、大祭司及权贵。

除此之外，在卡本半岛和萨赫勒地区，即位于突尼斯的布匿

第一章　布匿迦太基：艾丽莎城

考古发掘遗址，墓穴一般都是直接以岩石雕刻而成；以楼梯、走廊（dromos）和墓室组成的三进墓室结构较为多见。在已经发现了的木制棺椁当中，其中一个来自阿格·加祖阿尼（建于公元前4—前3世纪）的墓地，棺盖上饰有以高浮雕技艺雕刻而成的女神像，其余几座木棺则来自布·哈杰尔（Bou Hjar）的墓地和吉蒂斯（Gigthis，今为布·吉拉拉）。在以上两个地区，位于阿格·加祖阿尼（今为科克瓦尼）和斯米拉特（Smirat）的墓地因内容丰富的人类学史料而备受瞩目。

比尔萨青年的墓葬（约公元前 500 年）

"比尔萨青年"是突尼斯博物馆委员会和突尼斯法国研究院于2010年所办展览的名称，亮点在于展出了一具使用皮肤修复技术复原的古尸。

古尸的出土地点被视为研究最深入和最广为人知的迦太基出土墓葬之一。以两块石板覆盖着通向 4.45 米深的长方形竖穴通道。棺椁本身以哈瓦里亚的砂岩石块建造，长 2.32 米，宽 1.78 米，深 1.46 米，包含两个以砂岩石块切割而成的凹槽。仅在左侧凹槽中发现了一具属于健壮男子的骨骸，他的身高 1.70 米，年龄在 19～24 岁。对他检查的结果显示，位于右肩的骨骼创伤可以追溯至童年时期，并伴有严重的伤口腐烂痕迹，死因不明。

看见迦太基

墓槽之外发现的陪葬物品包括有 1 尊布匿商用双耳瓶、1 盏在托盘处夹出 2 个尖口的布匿灯、10 粒象牙制凸面小宝石、1 尊细长型双耳瓶和来自同一只鹅的 120 块骨头碎片,它当时可能被关在柳条笼中。墓槽之内的墓主随葬品包括 1 个圣甲虫护身符,21 个可能被用作念珠的埃及小护身符,他的两膝间摆放有 1 个带盖的圣物匣,左肩处有 1 块属于衣物或裹尸布的残骸。

迦太基的墓地,比尔萨山岗(© AMVPPC/INP,图片摄影:穆罕默德·阿里·本·哈辛)

看见迦太基

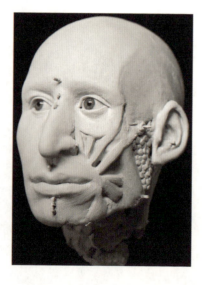

比尔萨青年的墓葬和墓主面部复原（©AMVPPC/INP，图片制作：哈杰尔·伽玛欧）

第一章　布匿迦太基：艾丽莎城

＊＊＊

迦太基在第二次布匿战争结束之时已不堪一击；它在公元前202年札马战役溃败后所缔结的条约规定它必须支付沉重的战争赔款，交出战舰和大象军团的支配权，并且在未得到罗马许可的情况下，不得开展任何军事行动。正是这最后一项条款的内容导致了第三次布匿战争的爆发。马西尼萨围攻欧若斯科巴城（Oroscopa），以此公然向迦太基挑衅，迦太基于公元前150年向它宣战，最终打破了条约。此举为罗马提供了它一直在找寻的向迦太基宣战的正当理由，目的是要彻底结束这场旷日持久的战争。马西尼萨的闪电式胜利预示着对于罗马一方，最后一战已胜券在握。

第二章
历史残缺的一个世纪

（公元前146—前46）

在这场战事的第三回合中，在汉尼拔故土的残砖碎瓦之上，对迦太基人所怀有的古老民族仇恨似乎仍在延续：它在沦陷时所拥有的领土被彻底摧毁，但与其说（罗马人）是为了据为己用，不如说是为了杜绝将它留与他人所带来的后患；并没有人会憧憬在这里看到一座城市焕然新生，而是满足于令它保留满目疮痍的景象。

——蒙森《罗马史》

在谈及自公元前146年迦太基的陷落至公元前46年恺撒战胜庞培之间的这段非洲历史时，出自特奥多尔·蒙森（Theodor Mommsen）笔下的这段话应是最常被引用的内容，尽管它也被认为字句仍需斟酌，甚至遭致指责。罗马对待迦太基的7个同盟城邦实属慷慨，给予它们自治权、土地，也许还有税收的优惠，但却对其手下败将及其臣民冷酷无情，将其城邦贬降为村庄，从而导致非洲大部分地区公共生活的"终结"。从一方面来看，迦太基的毁灭意味着该地最大商贸市场的消失；而从另一方面来看，被剥夺了所有公共财产的战败城邦，没有任何财政收入或预算，它们居民的土地被没收并被征以重税。罗马正是以这种方式令这片土地陷入了长期的沉睡状态，因为公共财政收入的缺乏导致现有的集体基础设施逐渐被废弃，新的城建工程也被迫推迟。在私人领域也是如此，因为新税收方式即战败国贡金（stipendium）和人头税的推行，更是加重了贫困状况的蔓延。考古学家无法找到任何可证明罗马人在占领后一个世纪间在此地出现的实物证据，这并非由于此城发展已陷入令人难以想象的停滞状态，而是由于缺乏资金和工作机会，工匠们的生活难以为继，尤其是陶器和雕塑这两个行业，致使工艺技术的发展也停滞不前。

仅有 7 个自治城市和归属于马西尼萨之子的领地呈现出一片繁荣景象。

第二章　历史残缺的一个世纪

迦太基必须毁灭

被毁的迦太基，注定被遗忘的土地

第三次布匿战争从公元前148—前146年仅持续了3年的时间，是三场布匿战争中耗时最短且最为关键的一役，以迦太基的彻底毁灭为终局。迦太基的顽抗到底遭到了罗马的残忍报复。公元前146年春天，当小西庇阿攻克迦太基时，曾对元老院说："我已攻下了迦太基，你们希望我如何处置它？"人们最终提出了三种方案：一为摧毁该城，二为归还于它的人民，三是在那里建立罗马殖民地。最终，加图的第一种方案得以采纳，尽管当时他已辞世，正如古罗马历史学家维莱伊乌斯·帕特尔库鲁斯（Velleius Paterculus）在他的著作《罗马史》中所言："罗马已经是世界的主人，但只要迦太基这一名称还存于世间，它就永远不可能高枕无忧。"

随后，一个由10名元老院成员组成的委员会被委以摧毁该城残留设施的任务。经历战火洗礼的城市几乎片瓦不留，还坚守在此地的居民只能在绝望中放火烧毁了自己的家园。弗洛鲁斯《罗马史纲要》记述，这场大火整整持续了17天，然后再由罗马士兵一斧一镐地将残迹彻底铲除。委员会派出的专员禁止任何人居住在此地，为了确保他们的禁令更具效力，还对整座城市及近郊施以令人生畏的诅咒。施咒的文本源自马克罗比乌斯《农神节》中的诗篇，它沿用了最古老的文学格式，正如

看见迦太基

大祭司利维尤斯为罗马执政官普布利乌斯·德西乌斯·穆斯（Publius Decius Mus）所写的诗篇，他在第三次桑尼特战争期间，为森提努姆之战（Sassoferratto）而英勇献身（蒂托·李维《罗马建城史》）。迦太基的土地成为众矢之的，没有人能获许居住于此，也没有人能在此开垦农地。自此，迦太基城已成为断壁残垣的代名词，注定要沦为"永远的牧羊之地"（阿庇安《内战》）。公元前87年，军事统帅马略（Marius）同样也处于末路穷途之境，为了躲避苏拉（Sylla）的追随者而滞留在迦太基，他将自己的衰颓与迦太基的覆亡相提并论。

被毁的迦太基，纽约公立图书馆（NYPL），1885

护城渠的界碑石碎片，出土于西利亚纳山谷（© Hosni Abid），写有："根据维斯帕先皇帝的授权……新省和旧省以皇家护城渠为界……"

此外，小西庇阿和 10 名专员被委派了相应的任务，如勘察该地现状、建立行省、进行地区评估，以及将在维斯帕先统治时期所建的皇家护城渠（fossa regia）设立为其与努米底亚王国之间的分界线。至于这个新行省（位于非洲的新行省名为"阿非利加行省"）的治理工作，先任命了一位曾任一年期执政官的行省总督（propraetor），继苏拉之后，从公元前 81 年起，又任命了一位驻地为乌提卡的行省总督。自公元前 146 年起，乌提卡成为该省的首府。

朱诺尼亚殖民地

在数十年间，迦太基几乎已沦为禁地。它曾经的对手，尤其是已成为自治城市的乌提卡和哈德鲁梅图斯则成为它衰落的主要受益者，得到了大片的土地作为补偿；由于希腊和罗马商人的大量涌入，这两地一跃成为该省最为繁荣的港口城市。与此同时，在公元前 125 年，罗马位于非洲大陆的阿非利加行省遭受了一场严重的动物疫病大流行，根据奥罗修斯《反异教徒历史》的记述，遇难者多达 20 万，它的身后留下了大片的空置土地。同时，罗马因为运输受阻所造成的粮食短缺又导致了饥荒的发生，暴乱也随之而至。自公元前 123 年起，在非洲出现的大片空地成为两个政治派系即平民派和更为保守的精英派争夺的对象，二者之间的冲突令整个贵族阶层分崩离析。正是在这种情况下，由平民选出的护民官盖约·格拉古（Caius Gracchus）通过了数项法律，其中两项规定将意大利的部分公共领地重新分配给罗马平民,并建立新的殖民地。

在迦太基建立一个殖民地的想法正是由此产生。公元前123年/前122年,元老院通过了一项法律《鲁布流斯法》,准许向殖民地派遣新移民。次年,格拉古带领着6 000名移民前往非洲,其中包括了罗马人,可能还有拉丁人,他们共同建立起一个全新的殖民地并在此定居。根据普鲁塔克在《希腊罗马名人传》中关于格拉古家族-亚基斯与克里昂米尼的记述,在盖约·格拉古和马尔库斯·弗尔维乌斯·弗拉库斯(Marcus Fulvius Flaccus)的领导之下,一个全新的殖民地在70天后便诞生了,根据他们的规划,每位定居者都将得到一块面积不少于50公顷的土地,成为衣食无忧的地主。新殖民地因处于朱诺女神的庇护之下而被称为迦太基朱诺尼亚殖民地(Colonia Iunonia Carthago)。此计划可谓是雄心勃勃,可分配的土地面积多达30万公顷,占据了该省大部分的可耕种土地。

然而,罗马发生的政治冲突和盖约·格拉古的战殒导致该计划最终搁浅,仅一年后,即公元前121年,该殖民地被废除。10年后,即公元前111年,所通过的土地法(Lex Thoria)将公共土地(ager publicus)变为了私人土地(ager privatus),目的应是维护罗马贵族的利益。一部分定居者选择卖掉土地,回到罗马或其他自治城市,首府乌提卡因为其居民所提供充足的安全感而成为他们的首选;另一部分选择留在当地的定居者可以保留自己的土地所有权,但这部分的具体人数不得而知。

第二章 历史残缺的一个世纪

那么，这个由格拉古家族所建立的迦太基究竟如何？它再次遭受了覆灭和废弃吗？还是仅被剥夺了殖民地的地位？从实物证据来看，考古学研究能为我们提供一些相关的线索：发现了属于盖约·格拉古的大片农村土地。在位于比尔萨山岗以西约5 000米处出土了格拉古治下殖民地所建的平整城墙，在属于罗马官员（政务官，一般是以奴隶或自由人身份受雇于罗马帝国的行政部门）的墓穴层下发现了一系列可能属于殖民地定居者的无字碑文。1973—1977年，意大利考古队在该城市的同一区域所进行的考古发掘并没有发现任何可追溯至公元前146—前44年这一时期的遗迹。在其他地点，如比尔萨山、环形港口和马戈区，系统进行的地层学分析也没有发现任何早于奥古斯都时期的遗迹。

古代文献所能提供的线索也并不明确。有些内容，如特土良的著作《论斗篷》(De pallio)，可以为我们填补盖约·格拉古在迦太基遇挫之后与这座"城市"相关的文献记载：以村庄形式构成的定居者聚居地，汇集了罗马人、拉丁人和非洲人，可能已经取代了先前的迦太基朱诺尼亚殖民地，但根据当前所掌握的信息还不足以对其重要性进行评估。根据普鲁塔克的著作《庞培的生活》(Vie de Pompée)，在庞培时期曾有船只在迦太基登陆。但人们普遍认为，在朱古尔塔战争和庞培于公元前81年进行的远征之后，情况没有丝毫改变，一直延续至恺撒的出现和他在公元前46年战胜努米底亚国王尤巴一世时。

罗马人终于决定要重建迦太基,在它的古布匿遗址上建立一个包括了城市区域的新殖民地——新罗马迦太基(Concordia Iulia Karthago)。

恺撒决定重建迦太基

恺撒和庞培之间的军事行动对抗起始于公元前47年。庞培的军队已经按照部署就位,并开始增强沿海要塞城市的防御能力,尤其是卡本半岛的克里佩亚(Clipea,今为凯利比亚)和库鲁比斯(Curubis)。当第一批恺撒军队在卡本半岛登陆时,选择的是一个名为安琪利亚(Anquillaria)的地点,离哈瓦里亚不远。两天后,他们到达了卡斯特拉·科内利亚(Castra Cornelia,今为卡拉特·安达鲁斯),它紧邻乌提卡。库里昂(Curion)所指挥的军队在战争初期取得了一些较小的胜利,但最终在遭遇尤巴一世的战事中丧生,后者原本是被围困于乌提卡的军队援军。与尤巴的这次意外交战恰好为恺撒意图彻底解决非洲军事冲突提供了一个契机。他于公元前47年12月底率领35 000名士兵在非洲登陆。决定性的一役于公元前46年4月6日在萨普苏斯(Thapsus)拉开战幕,最终恺撒大获全胜,落败的庞培和尤巴的残余部队仓皇而逃。不仅如此,他们沿路还放火烧毁了那些拒绝为其提供粮草的市镇,如佩拉迪·马尤斯(Pheradi Maius,今为阿尔及利亚西迪·赫利法镇)。面对恺撒的胜利,驻守乌提卡的小加图(Caton)因不愿苟活,选择自杀。尤巴也作了同样的选择,在将其拒之门外的札马城前

第二章 历史残缺的一个世纪

结束了自己的生命。

在成为非洲的真正主人之后,从乌提卡到了札马,恺撒凯旋,其间"数支皇家部队的统帅都前来请求他的宽恕"(《阿非利加战记》)。6月13日,在萨普苏斯战役结束两个月后,他离开非洲前往撒丁岛的卡拉利斯(Caralis,今为卡利亚里),但动身之前,他对乌提卡和札马的两位阿非利加行省的执政官下达了指示,重建迦太基。身为大祭司,他可行使最高等级的宗教权力,换言之,他已大权在握,可令众人俯首听命。

为纪念恺撒于公元前44年2月14日被元老院授予终身独裁官一职所铸造的钱币,上刻有"恺撒,永远的独裁官"(CAESAR DICT PERPETVO),藏于法国国家图书馆钱币部

恺撒在他非凡的一生中是一位优秀的军事战略家和战术家。在他击溃了庞培之后便独揽大权,并在萨普苏斯和札马彻底消灭了庞培和尤巴一世的军队,成功地让非洲恢复了和平盛景。恺撒从根本上改变了罗马在非洲所施行的政策。公元前44年3月15日他于元老院会议期间在会所遭刺杀身亡。

看见迦太基

于恺撒殁后铸造的奥古斯都钱币（© Sutherland，《罗马帝国钱币》第一卷）
正面：奥古斯都头像（恺撒·奥古斯都）
背面：横穿八角彗星的铭文："神圣的尤利乌斯。"（DIVUS IULIU[S]）

第三章
罗马迦太基或非洲的罗马

（公元前44—公元698）

最庄严、最值得铭记的献身精神也无力抵抗经济发展需求所带来的压力，这就是这一段迦太基复国历史为人们带来的深刻教训。此时，迦太基毁灭不足一百年，为了铲除意大利半岛令人不堪其扰的残余势力和结束当地动乱频生的状态，也是为了奖励他的军团，全能的恺撒决定重新考虑凯厄斯·格拉库斯的提议，在诸多被摧毁的城市中重建这一座伟大的非洲大都市。

——德巴什《迦太基朱莉亚殖民地——罗马迦太基的生活和市政制度》

当尤利乌斯·恺撒在攻占了札马、将努米底亚王国变为罗马的一个行省、出发前往卡拉利斯之时，他留下了数量众多的追随者，大约6 000名军团士兵和一定数量的后勤人员。其中包括高卢人（大约2 000人）、日耳曼人、投诚者等，他们需要在属于自己的家园和土地上安居乐业。为此，恺撒所作的诸多

看见迦太基

决定中最为重要的就与迦太基及其重建有关。毋庸置疑,生于斯,长于斯,曾为迦太基子民的特土良熟知自己故土的起源和伴随它的重建所历经的种种事件,为我们记述了其中的重要历史时刻:

> 至于你们(迦太基人),为了你们的利益,也为了那些经历了被摧毁了往昔的人们,而并非为了身居高位之人;在格拉古家族于迦太基受挫和雷必达所施暴政之后,在庞培的三座祭坛建成和恺撒经历了漫长的等待之后,当斯塔提利乌斯·陶洛斯建起城墙,当森提乌斯·萨图尼努斯宣读庄严的誓词,正是在这一切发生之后,在孔科耳狄亚女神的庇护之下,将"托加"(古罗马人穿的宽外袍)赠予你们。

——特土良《论斗篷》

显然,这段文字为了追求修辞效果,而并没有根据史实发生的年代顺序进行如实的记录,这就为历史学家考据它所提及事件的具体发生日期造成了诸多困难。即便如此,无可争议的是,对于罗马殖民地迦太基的诞生,恺撒功不可没。

第三章 罗马迦太基或非洲的罗马

恺撒和屋大维复活了迦太基

根据阿庇安的记述,将迦太基毁灭了的罗马人又在102年之后开始将它重建:

> 恺撒追击庞培的军队时曾在迦太基扎营。在睡梦中,他看到一支大军的众多士兵泪流满面;受这一梦中景象所扰,他立即在书写板上写下了"殖民迦太基"这一字句。在回到罗马之后,恺撒一直苦于无法解决贫苦人民对土地的需求这一难题,便下令将其中的一部分人送往迦太基,而另一部分则前往科林斯;但他随即便遭遇刺杀身故。幸而,奥古斯都在得知他养父的这一计划后,将3 000名新定居者运往海外领地。但因他担心古老诅咒的威力,选择在先前的城市遗址旁建造新城。此外,他还令周边地区的部分居民也迁进新城。

——阿庇安《罗马史》

公元前146年,小西庇阿所施行的禁令还未解除。恺撒因他辉煌的战绩和登上大祭司之位所拥有的宗教地位而大权在握,因此可以正当地取消先前的禁令并作出建立新殖民地的决定,但他在计划实施之前就遭遇暗杀。他的养子屋大维在公元前44年将3 000名新移民送至此地定居,令这一计划最终得以实现。此外,迦太基新城的建立令它有理由在周边地区的战略要地安置居民，以加强城池的防御安全体系，这就解释了为何军队往往会参与殖民地的建设。殖民地图博尔·米纳斯（Thuburbo Minus，今为突尼斯北部城市特波尔巴）的建立是因为它恰好处于扼守梅杰尔达河走廊的战略之地。依此来看，玛叙拉（Maxula，今为突尼斯城市拉迪斯）极有可能也是一个军事殖民地。而殖民地乌提纳（Uthina，今为突尼斯一遗址地奥德纳）的战略意义则是防守南部边境。上述殖民地均建于公

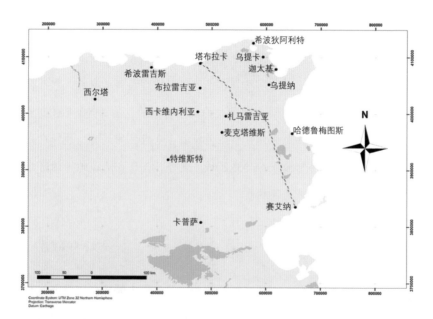

恺撒统治时期建立的新阿非利加行省由旧阿非利加行省和马西勒努米底亚王国领地组成（制图：阿里·菲舍尔 [Ali Chérif]）

直到罗马时期，人们才对马西勒努米底亚王国和迦太基城的具体行政区划有了较为准确的了解。这两个领地在公元前27年合并成为广阔的新阿非利加行省，最初包括突尼斯的大部分地区，远至吉利特盐湖，并向西延伸至安普萨加河（Ampsaga，今为鲁梅尔河）和阿及利亚境内的西尔塔（Cirta，今为君士坦丁城）。吉利特盐湖以南的部分则属于当地的部落。

第三章 罗马迦太基或非洲的罗马

元前36—前27年,很可能就位于曾赠予马西尼萨子嗣的领地之上,此部署应是为了在迦太基城周围形成一道坚固的防线。

举步维艰的开局

公元前44年这一新城建立的日期被自20世纪初以来的考古发现所证实。我们主要的参考依据是著名的双耳陶罐墙,这是建于比尔萨山顶平台的挡墙:7~8层装满沙土的陶罐彼此相叠,每层之间以0.5～0.6米厚的土层相隔;墙体宽度为4.4米。在山丘南角出土的部分陶罐上印有装饰画,对它所进行的年代推定结果显示它绘于公元前43—前15年。研究还显示在公元前43—前23年,它建造的工期并不固定,但公元前22—前15年工程进度更为规律,这应该标志着工程进展的加速和墙体的竣工。而公元前43—前23年所呈现的不规则性,一方面可以解释为工程初期的犹豫不决,另一方面也可解释为雷必达在公元前40—前36年统辖阿非利加行省时对它所施加的破坏。根据他对这片于公元前146年被认为受到诅咒的土地所实施的占领和压迫,可以看出他对恺撒殖民地所怀有的仇恨情绪,以至于他不得不摧毁整个地区。公元前36年,他已消失于政治舞台,准确地说是被排除在原本由恺撒的3位继承人马克·安东尼、雷必达和屋大维组成的三头政治联盟之外,这一联盟的存在承认3人可共同管理各行省和军团。此后,阿非利加行省由屋大维接手,他上任后的第一个举措就是对雷必达所造成的破坏进行修复。

此后，第一批在比尔萨动工建造的公共工程应该包括了总督府及行使行政职能所需的办公建筑。行省总督的官邸，可能正如维克多·德·维塔（Victor de Vita）《汪达尔人非洲行省迫害史》（*Histoire de la persécution vandale en Afrique*）和普罗科比（Procope）《汪达尔人的战争》（*La guerre contre les Vandales*）所提及，它主宰整座城市，甚至成为汪达尔国王的住所；它的地下设有一座监狱。在山岗上出土的拉丁语铭文碎片中也提及总督浴室的存在，所指可能正是此官邸。

新城的建设规划以两个具有代表性的原则为特征：从一个角度看，古代迦太基的所有遗迹都必须被掩盖，即能令人想到它的过往、代表它所象征的权力和仍受制于禁令的这片土地上的一切。而它的古代遗迹并没有像人们所认为的那般被全数摧毁，而是通过巨大的土方工程将它们掩盖，再填平地面：这需要数千吨的填充物，再以巨大的砖石墩柱来对它们进行支撑加固，在汉尼拔区一侧可以清楚地看到工程留下的痕迹。这一人工修筑的平台是真正意义上的城市中心，也是罗马帝国时期所建造的最大平台之一，面积为336米×223米，相当于7公顷多一些，已达到罗马奥古斯都广场面积的6~7倍。

一座大都市的诞生

从另一个角度来看，作为一项殖民地建造计划，新城的修建需要依据相应的框架来对它的建造空间进行具体规划：整座城市

第三章 罗马迦太基或非洲的罗马

比尔萨山岗的规划（制图：詹－玛丽·加森特 [Jean-Marie Gassend]）
这一平台的修筑是将山顶削平，令它与经过填充的山岗坡度自然相接，它所用的填充物由各种不同的材料构成，混杂的材质来源也已得到证实：分别来自海边（砂砾、贝壳、鹅卵石等）、被削平的山顶，还包括了人类的遗骨，但这并非来自古墓，有可能是在最后围困中被屠杀的迦太基人的遗体。

的中心点正位于比尔萨山岗的平台之上,与今天的圣路易主教座堂穹顶所在的位置相重合。这一规划限定了用于建造公共建筑和私人建筑所需要占用的空间。平台的轮廓为一个近正方形的四边形,南北向长 1 776 米,东西向长 1 656.56 米,面积约为 250 公顷,由 4 个巨大的矩形空间所组成,其中每一个再细分为 120 个矩形小街区 (insulae)。小矩形和大矩形之间以道路相隔,道路的宽(可达 11.8 米)窄(为 7 米)不一,取决于它们所分隔的矩形面积。道路总长度为 6 万米。

虽然考古挖掘工作的进展有限,且仅在局部零星位置展开,但因其大多为针对性较强的探测,现阶段得到的结果能令我们可以在图纸上绘制重现平台修建过程的主要阶段和位于其中的重要纪念性建筑物:第一阶段从殖民地建立初期开始,持续了近一个世纪,平台上的主体规划已基本实现;第二阶段以位于西侧的图书馆和东侧的司法大会堂的建造为标志。

根据平面图所示,该平台被分为 3 部分:北侧是一个超过 13 000 平方米的巨大广场,它四边中较长的两侧均有柱廊环绕,东侧为司法大会堂,如今残存的遗迹仅包括地基和几块石板;在已经核实的复原平面图上可以看到一个占地面积为 3 600 平方米的纪念性建筑,这使得这个长方形大会堂一跃成为罗马帝国历史上排名第三的大会堂,仅次于罗马的乌尔比亚大会堂和朱莉亚大会堂。

第三章 罗马迦太基或非洲的罗马

广场区的南面有一个巨大的平台,也可能是长廊,2世纪时在此兴建了一座神庙。位于中间的部分坐落着第二片空地,它的面积几乎等同于广场,上面建有一座埃斯库拉庇乌斯神庙,随后于2世纪又增建了一座大型图书馆。

我们可以略微概括一下这座在今天仍具有重要意义的布匿和罗马迦太基城市中心广场:最初的平地工程和填充土方工程几近完成,但在安敦宁·毕尤统治时期(138—161年在任)惨遭大火蹂躏。此中心区域连同其他街区,应该是在马库斯·奥勒留时期(161—180年在任)得到完整的规划和全面的建设。但这一漫长的过程中,至少有半个世纪的时间,此地的生活颇为不易。

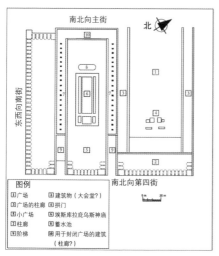
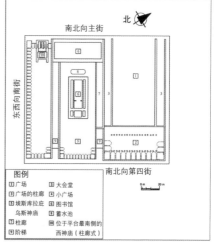

广场区,根据德诺夫1990年的研究成果分别绘制的第一阶段和第二阶段的建筑规划布局(制图:怀德·拉法欧伊 [Wided Arfaoui])

纵观此地的整体规划，便不难发现，它的结构布局可谓是巨细无遗。一方面，主要的公共建筑，尤其是圆形剧场和竞技场，都不能建在城区范围内，这无疑是出于保护中心城区不受人群流动、车辆行驶和野生动物出没等因素带来的侵扰所作出的决定。另一方面，此规划也因当时的城市地形状况作出了相应的调整：例如，当时还未遭破坏的港口、马尔加亚蓄水池的存在，都会成为改变土地测量规划的因素，这也意味着上述两座设施的建造工程均早于在奥古斯都时期开始进行的地籍测绘工作。

迦太基，罗马西部地区唯一的自治殖民地

公元前 30 年马克·安东尼战败身亡后，屋大维·奥古斯都成为罗马仅存的统治者。他遣散了大部分军团，于公元前 29 年将其中的 3 000 名老兵派往迦太基，以巩固他对于这个建于公元前 44 年的年轻殖民地的统治。新来的定居者被安置在大平原富庶的谷物种植区，位于梅杰尔达河的两岸。第二批定居者抵达后便被妥善安置于迦太基新城及其广阔的"乡村领土"（pertica）之上，共组成了 83 个社区（castella），其中包括了以村落形式出现的社区，如蒂巴利斯（Thibaris，今为突尼斯北部城市蒂巴尔），或者与本地人混居的城市街区，如沙格，成为罗马人和努米底亚人共居的双族群社区。

毋庸置疑，迦太基始终是恺撒和奥古斯都所推行的非洲政策的

第三章　罗马迦太基或非洲的罗马

核心环节。恺撒解除了对它的禁令，奥古斯都对它施行的诸多发展措施确保了它商业的繁荣，这一切都意味着人们在它重建之初便已能预见它的命运。罗马人并非要令它重现往昔的辉煌，事实上这也根本无法实现，而是要将它打造成为非洲的罗马和该行省的新首府。实现这一目标所施行的举措可谓是成效卓著，因为在提贝里乌斯（14—37 年在任）统治时期内，城市的繁荣发展很快便成为现实，正如地理学家庞波尼乌斯·梅拉（Pomponius Mela）《地球之所在》（*Chorographie*）所指，"即使是在今日，权力的毁灭远比它当前的辉煌更广为流传"。

为了加速城市的繁荣发展，奥古斯都将在罗马帝国其他城邦鲜见的优待政策全部给予了迦太基。此后一年，即 28 年，迦太基从罗马人手中重获了自治权，成为整个西罗马地区唯一拥有此特权的城邦。根据《岁时记》（*Fastes Italica*）的记载，同年 7 月 15 日，迦太基得以重现、修复和重建。另一个罗马行省阿哈伊亚的帕特雷殖民地也曾获得过类似迦太基被赋予的自治权，同样也是来自奥古斯都的决定（保萨尼亚斯《希腊志》）。在迦太基所奉行的新政促使这块罗马帝国的新殖民地在 29 年不断扩展它在新阿非利加行省内的领地，同时还获得了一定的自治权，免除了作为罗马帝国殖民地本该奉守的法律约束。比如，但凡居住在迦太基的异邦人，无论他们是 83 个社区的居民，还是自公元前 44 年起就已居住于此地，均可获得公民身份。如此一来，我们便能更好地理解阿庇安在谈及迦太基的第一批定居者中的外来者所暗指的意涵。在上文引述的特土良

《论斗篷》的一段话中也婉转地提到了这一点，在孔科耳狄亚女神的庇护之下，外来的定居者将获得"托加"长袍，即罗马公民的身份。此外，此处提及的重建迦太基城是指，继雷必达在公元前44年对当时已是罗马殖民地的迦太基所施行的暴力破坏后，于公元前40年—前36年在迦太基进行的重建工程。

迦太基的"乡村领土"：独一无二的制度体系

新近获得自治权而稳步发展的殖民地拥有一片辽阔的领地，其中包括83个异邦人社区，最初也仅包括异邦人。与那些来自自治城邦，如哈德鲁梅图斯、乌提卡等地的移民的不同，这些来自战败国的异邦人作为罗马帝国的归降者（dediticii），不享有任何公民权利，甚至不属于任何一座城邦，也不是其居住地的公民，相当于现代法律所界定的无国籍者。自公元前146年迦太基覆灭后，他们注定面临的命运就是失去自治权，被划入3个大区（pagi），每一个大区由数个村庄组成，形式类似于法国的大区和省，由行省总督任命的行政长官进行管理。

公元前47/前46年，在与国王尤巴一世所集结的庞培支持者发生的军事冲突中，罗马人也采用了同样的方式对待敌视恺撒的努米底亚人。其中一个地区为图斯卡"帕古斯区"（pagus，帕古斯为隶属于乡村领地的低一级行政区划单位），下设大约50个社区，马克塔里斯（Mactaris）可能是它的首府。当两个位于非洲大陆的领地在公元前27年合并成为"阿非利加行省"

第三章 罗马迦太基或非洲的罗马

时,无国籍者社区分别隶属于当时的 3 个主要殖民地,即迦太基、西卡和西尔塔(君士坦丁)。自 29 年起,随着迦太基的发展,它治下的社区数量最多,达到 83 个。除了无国籍者社区外,它的管辖区域还包括了位于阿非利加行省的"混合"社区:一部分为迦太基毁灭后曾被作为奖赏赠予马西尼萨子嗣的社区,主要分布于卡本半岛及其南部地区,位于蒂米达·雷吉亚和乌提纳的周边地区;另一部分为马略在公元前 105 年战胜朱古达后在努米底亚所建立的社区和当年格拉古兄弟所建殖民地居民的后代所组成的社区。

公元前 28 年,在获得自治权之后不久,迦太基便向它的乡村领土派遣了一名行政长官,准确地说是一名司法行政长官,作为代替市长(duoviri)行使职能,负责将征税的职责分配给专门的组织,后者可直接向该区收缴税款,以 5 年为期。

除了让渡税收的权利之外,还需严格区分可享有免税权和无免税权的土地。正是同一位行政长官,马库斯·凯利乌斯·菲勒罗斯(Marcus Caelius Phileros),负责划分有可能是他治下的其中一个社区乌池·马约斯(Uchi Maius,今为位于突尼斯的亨奇尔·杜阿米斯考古遗址)的土地。乌池位于距沙格不远的里哈纳地区。

如果迦太基执政官的职权范围延伸至所有上述提及的 83 个社区,那么就需要考虑到,他除了负责分割、分配土地等工作之

看见迦太基

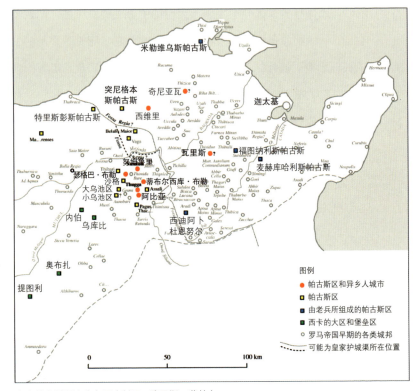

迦太基乡村领土分布图（制图：路易斯·莫林）

外，还需确定这些社区的边界范围，以及它们与迦太基之间的行政关系。在这些社区中，其中一些直接隶属于迦太基城，如乌池·马约斯，而其他社区则获得了一定的自治权，成为真正的城邦，尽管是以领土面积缩小、割出的部分并入迦太基城为代价。沙格的状况就是如此，它被分割为两部分：一部分为迦太基的帕古斯行政区，另一部分则成为一个自治城邦（ciuitas）。其余的新定居者则聚居在由异邦人组成的城邦，如

第三章 罗马迦太基或非洲的罗马

瑟格尼卡（Thignica）、瑟伯尔·马约斯（Thuburbo Maius）、福尔诺斯·马约斯（Furnos Maius）等地。

显然，针对不同人所实行的税收制度才是引发这一系列行政区划调整的根本原因。迦太基作为非洲大陆的新罗马，因继承了这些被划入它领土范围的土地，被视为是新政的主要受益者，享有税收豁免权。我们很难确认这一豁免权的实际意义何在：不确定其是否意味可享有土地税（tributum soli）或其他项税收的减免，因为税收豁免权的种类应与税收和税款缴纳的种类一一对应。古代文献所记载的情况基本一致：豁免权很少是指税款的全面减免，往往以临时减免的形式出现。令人不解的是，迦太基从未在它的殖民地全称中提及它所享有的这两种特权，最常见的名称为"迦太基朱莉亚殖民地"（colonia Iulia Carthago），有时也会被称为"康科迪亚朱莉亚"（Concordia Iulia）或"朱莉亚康科迪亚"（Iulia Concordia），但却从未出现过与自由（libera）和豁免（immunis）相关的内容，可能是因为这两项特权仅是在公元前44年初建时所享有的临时特权，并没有被写入殖民地法（lex coloniae）中。

尽管迦太基所享有的自治权和税务豁免权是性质不同、也不能混为一谈的两项特权，但它们的目标是一致的，即对还处于艰难起步阶段的新殖民施以援手。几乎这里的一切都需要从零开始：道路、下水道、公共和行政建筑等其他基础经济设施。行省首府迦太基城可享有税收特权，可将偏远的乡村领地所缴纳

看见迦太基

来自意大利福米斯的拉丁语铭文,公元前 1 世纪末(©Attilio Mastino)

"马库斯·凯利乌斯·菲勒罗斯,马库斯的自由人,阿非利加行省总督提图斯·塞克斯提乌斯(Titus Sextius)指挥官的代理人,作为迦太基的市政官,他负责每 5 年一次向 83 个社区征收税款,并自筹资金(在迦太基)建造了一座特鲁斯神庙;(他)两次在克里佩亚担任双执政官(duumvir)中的其中一位,在福米斯担任祭司(在那里他)自筹资金以各式石块(马赛克)装点了尼普顿海神庙。致弗雷斯蒂亚·弗洛拉,努米留斯的自由人,顺从其夫的妻子;以及挚爱的友人昆图斯·屋大维·安提马库斯,其妻的自由人。"

这篇铭文详细介绍了自由人马库斯·凯利乌斯·菲勒罗斯担任市政官一职的完整经历,他主要任职于阿非利加行省。在关于职业生涯的记载中,他所行使的职责与建立的功绩交替出现:很可能是在公元前 42—前 40 年,他成为提图斯·塞克斯提乌斯指挥官的代理人,随后,菲勒罗斯又在迦太基担任市政官一职(约公元前 30 年),在迦太基乡村领地担任司法长官(约公元前 26 年),之后前往卡本半岛的克里佩亚,两次担任执政官一职(约公元前 25/ 前 24 年和公元前 18 年)。对于我们来说,仍待探究的问题主要集中于确定 83 个异邦人社区的边界范围及其具体地理位置。目前我们仅能确定的是,这些异邦人的聚居地归属于迦太基殖民地,构成了它领土的重要部分。居住在此地的异邦人也需要向迦太基殖民地缴纳行省税。

第三章 罗马迦太基或非洲的罗马

乌池·马约斯（Uchi Maius），即亨奇尔·杜阿米斯考古遗址（位于里哈纳地区），凯姆图考古博物馆，公元前1世纪末（© A. Mastino）

"根据奥古斯都皇帝公正的裁决，马库斯·凯利乌斯·菲勒罗斯将此区一分为二，分别归入新定居者和乌池人的土地，并确定其间的界限。"

该碑文的前两行难以辨识，但其通篇描述了初到此地的罗马新定居者和乌池区原始居民之间的领地范围界定。原先的乌池区被一分为二，一个新社区，即新定居者社区，被称为"Uchi Minus"，即小乌池区，剩下的部分则依旧被称为"Uchi Maius"，即大乌池区，与前者相邻。据老普林尼《博物志》的记载，这两个乌池区（Uchitana duo）均为罗马公民居住的城市，显然他是在这段铭文出现之后才写下此内容。由此，我们可以推断，大乌池区和小乌池区都是迦太基乡村领地中的社区，即"帕古斯"区。

149

看见迦太基

沙格的碑文中提到了迦太基朱莉亚殖民地的一位终身祭司和一位占卜官(© 路易斯·莫林)

的税金收入它的财库(而非罗马),为主要的城建工程提供资金支持。另一种财政收入往往被忽视,但对于一座城市来说却举足轻重,即来自其乡村领地富人的献金,作为交换,他们可在首府承担相应的行政管理职责。

迦太基的乡村领地社区长期以来一直在这一系统中居于劣势:来自这些社区的名流显要只能在本地的市镇或"帕古斯"区中担任毫不起眼的地方行政官,与在首府担任要职相差甚远。因此,对于他们来说,社会地位的提升仅能依靠迦太基元老院的官员选举,这是令他们迈入罗马城及罗马帝国显贵行列的唯一途径。成为迦太基元老院选举候选人需要花费 38 000 塞斯特提。此资格可通过在选举活动中出价竞拍获得,要想入选,候选人除了必须支付自己谋求职位的相应费用之外,还要承诺增加捐赠金额或实物(包括组织娱乐活动、建造纪念碑和提供各式福利,如准备餐食、分发葡萄酒或沐浴用品等)。在城中,这类选举活动每年举办一次,这就意味着每一年都会有

第三章 罗马迦太基或非洲的罗马

十几位行政长官和祭司当选,并且为他们所担任的行政职位支付相应的费用。在迦太基担任执政官,需支付20万塞斯特提,而在小城任职的执政官,如突尼斯西北部的阿尔提布罗斯(Althiburos),只需支付2 000塞斯特提,仅为前者费用的百分之一。相较而言,修建阿尔及利亚城市卡拉马(Calama)的剧院的费用为40万塞斯特提,仅为担任迦太基执政官一职所需费用的两倍。2世纪末,在卡夫,即西卡城,一个为贫困儿童提供食物的组织,每月为一名3～15岁的男孩所提供的资助为10塞斯特提,一名3～13岁的女孩所得到的则是8塞斯特提。

如此看来,迦太基每年通过此途径所获得的财政收入数额惊人。当它意识到乡村领地所带来的巨大财富时,便竭尽所能地阻止位于此地的社区获得自治权,为此,它付出的代价是向罗马派遣昂贵的使团或接待来自罗马的使团。2世纪末,当这些社区最终还是脱离了迦太基的管辖后,卡拉卡拉皇帝特许它享有意大利权(指罗马城以外的意大利城市及其居民所拥有的诸多权利和特权)以作为补偿,如此一来,迦太基便拥有了完全的财政豁免权。

危在旦夕的豁免权

来自沙格的拉丁语碑文写于102—116年,这表明迦太基的领地所享有的豁免权备受争议,但最终还是得以保留。

尽管豁免权的续存受到了威胁,但迦太基通过派出代表在罗马为其据理力争而躲过此劫。此事非同小可,意味着威胁可能来自两股强大的势力,即罗马帝国或是迦太基的书记处。第一种假设虽被人们广泛讨论且接受,但根本无法成立,因为我们很难想象来自沙格的乡民敢于挑战罗马帝国的裁决并申辩成功,或者帝国书记处也不太可能在决定收回特权后再令其恢复。第二种假设同样不具备说服力,因为乡村领地和其殖民母都的利益向来是休戚与共,一方的繁荣自然会对另一方产生影响。如此看来,唯一能走上法庭进行申诉的"功臣"可能就是城内的异邦人"图根斯"(Thuggenses)。他们早在弗拉维亚王朝时期,或者是再晚些的图拉真时期,就意图携手合作,或者可以说继奥古斯都建立的双重管辖权社区解体后再度联合。两者的结合意味着无论是迦太基还是乡村领地的居民并不愿见到沙格"帕古斯"区失去其豁免权。

第三章 罗马迦太基或非洲的罗马

沙格碑文，突尼斯国家遗产学院（INP），102—116 年（图片摄影：莫尼亚·阿迪莉 [Monia Adili]）

"致（这样一个人），他为十五祭司长老会成员，涅尔瓦·特拉扬·恺撒·奥古斯都皇帝的总督，日耳曼人和达契亚人的征服者，迦太基阿基坦行省乡村领地豁免权的捍卫者。昆图斯·马里乌斯·福斯蒂努斯（Quintus Marius Faustinus），昆图斯之子，依据元老院议员法令，为此事派遣……"

此碑的价值不言而喻，"乡村领地"一词首次，也是唯一一次出现于阿非利加行省的拉丁语文书之中。与今天的纪念匾类似，铭文记载了对一位高官（他的名字已无法看清）所获功绩的赞颂，用于装饰在沙格为他所建造的纪念碑之上。铭文的结尾处出现的第二个人物，"昆图斯·马里乌斯·福斯蒂努斯"为迦太基使节，出现的意义在于可为铭文中第一人的丰功伟绩提供相应的文书证据，以确保此地可以获得豁免权。此举可谓是颇见成效，正如这块在沙格出现的石碑所示，这里无疑已成为乡村领土事务的重要治理中心。

看见迦太基

罗马时期的迦太基城平面图（制图：怀德·拉法欧伊）

第三章　罗马迦太基或非洲的罗马

迦太基，阿非利加行省的新首府

迦太基原本可以直接取代乌提卡作为阿非利加行省的首府，但由于它仍待大兴土木，迁都事宜只能暂行搁置。所有行政建筑，包括广场、司法宫、元老院和总督府均坐落于比尔萨山岗之上。然而，此处的地形规划开发从公元前 43—前 15 年持续了近 30 年。总督有可能首先居住在他位于塞克斯图斯（ager Sexti）领地的一处住所，此处后来也是迦太基主教居普良审判进行的地点。其实，我们已能确定迦太基总督在公元前 12 年仍驻扎在乌提卡，据记载，当时他使用了一个容量为 3 斗（trimodium，"modium"［斗］为古罗马时期的固体测量单位）的容器作为盐的计量工具，当时，乌提卡市郊盛产食盐（老普林尼《博物志》）。此处所用的动词是"使用"，而非"开创"，这就为其所记述的内容增添了些许寻常的意味，也因此而排除了总督是为出席此活动特意出现在乌提卡这一可能性。至于总督改变其居住地的时间，可能是在 6—14 年，即奥古斯都治下开通从迦太基城途经马克塔里斯（Mactaris，今为突尼斯西北部城市马克塔尔）至阿迈达拉（Ammaedara，今为位于突尼斯的考古遗址哈伊德拉）道路的时期。

迦太基与罗马皇帝

迦太基是该省的首府，因此也是总督的驻地。作为一位极具影响力的人物，根据当时的政治军事形势，身居此位之人应该也对把持朝政怀有一定的憧憬。自图拉真起,但凡是外省人即位,他的家乡便能从中受益。例如西班牙的意大利迦(Italica)和利比亚的大莱波提斯,这两地都成为图拉真、哈德良和塞普蒂米乌斯·塞维鲁加冕称帝的直接受惠者。希拉克略(610—641年在任)对君士坦丁堡的未来感到绝望,619年,他甚至曾考虑迁都迦太基。从另一个角度来看,总督往往会不惜重金建设作为他驻地的都城,为它配备可以大幅改善城市生活质量的各式设施与服务。即便如此,每一位总督能为此作出的贡献其实是相当有限的,因为任期仅有一年。反而是罗马帝国的皇帝似乎才是推动迦太基城市建设发展的幕后功臣。除了哈德良,没有一位罗马皇帝能如奥古斯都大帝般对迦太基慷慨大度。相较而言,可以说,提贝里乌斯对迦太基的发展漠不关心,甚至对它所派出的非洲使团也置之不理(苏埃托尼乌斯《提贝里乌斯的生活》)。卡利古拉(Caligula)对当时的阿非利加行省总督产生了猜忌,收回了他手中的军队指挥权,并交予一位由他亲自任命的总督人选手中。诸如此类的决定无疑削弱了行省总督的权力,同时也会令人对帝国首都本身的安全保卫工作产生疑虑。

在安敦尼王朝时期,迦太基备受各方关注,也因此受益良多。这首先要归功于保障迦太基豁免权的图拉真,而第二功臣非哈德良莫属。这位不知疲倦的旅行家计划在非洲久留,在此期间他首次到访迦太基,并尤其展现出对此地的慷慨与宽厚,还将"哈德良波利斯"(Hadrianopolis)一名赐予迦太基,同时准许

第三章　罗马迦太基或非洲的罗马

哈德良阿斯钱币的正面为身披象皮的阿非利加女神，手执蝎子和丰饶之角；在她的脚下摆放的是一个容量为1升（modius）的计量器（© 古典钱币集团 [Classical Numismatic Group]）

它夺取原本属于艾因扎古安（Aïn Zaghouan）的权利，尽管当时的迦太基已无权建造与它地位相符的公共浴场。

有数位政要人物曾在迦太基驻留。佩蒂纳克斯（Pertinax）于188—189年担任总督，他的继任者尤利安努斯（Didius Iulianus）任期同样也为一年。在塞普蒂米乌斯·塞维鲁皇帝（Septimius Severus）任期内，迦太基在政治和军事领域的战略意义得到了进一步的提升。在他与奈哲尔（Pescenius Niger）对战时曾向迦太基派遣军团以确保其持续对罗马供应粮食。塞维鲁与其子卡拉卡拉对这个位于阿非利加的首府之城极为慷慨，这一点从铸造发行的钱币便可看出，它的上面印有铭文"于迦太基施以恩泽的奥古斯都"（indulgentia Augg[ustorum] in Carth[aginem]）。他们还举办了泛希腊竞技会（皮提亚竞技会),这些庆典活动发生于 204—205 年,应该与 204 年在罗马举行的"盛世大祭典"(ludi saeculares)不无关联。

有时,在因皇位承继而产生的危机中,行省首府的表态也是决定最终人选的关键因素。例如 68 年,迦太基铸造了带有克洛迪乌斯·马塞(Clodius Macer)肖像的钱币,后者因奥托(Othon)的厚遇而成为他的支持者(塔西佗《历史》)。然而,迦太基因维斯帕先曾在几年前所施行的高压政策而对他充满了敌意。这一权力纷争以前执政官卢修斯·卡尔普尔尼乌斯·皮索(Lucius Calpurnius Piso)的归天和维斯帕先的胜出告终,后者于 69 年成为新一任的罗马帝国皇帝。其间,迦太基无疑也曾发生暴力流血事件,但也仅为短暂持续的骚乱而已。

为纪念罗马皇帝塞普蒂米乌斯·塞维鲁对迦太基施以恩泽所铸造的钱币

第三章 罗马迦太基或非洲的罗马

塞普蒂米乌斯·塞维鲁（193—211年在任）的雕像，迦太基，巴尔杜国家博物馆（© AMVPPC/INP）

塞普蒂米乌斯·塞维鲁于145年4月11日出生于大莱波提斯一个地位显赫的大家族，他的祖父为图拉真统治时期大莱波提斯的第一位执政官，他的父亲迎娶了一位来自移民家庭的意大利妇女。他本人在政治上所取得的功绩主要可归功于一位亲戚凯乌斯·塞普蒂米乌斯·塞维鲁的提拔，后者于174年担任阿非利加行省总督，并任命塞普蒂米乌斯·塞维鲁为迦太基的使节。在传记作者埃利乌斯·斯帕提安（Aelius Spartianus）的笔下，塞普蒂米乌斯·塞维鲁是"一位身材魁梧、相貌英俊的男子，他蓄有长须、卷曲的白发，拥有高贵的面容和悦耳的嗓音，略微带有一些非洲口音，直到晚年也没有丝毫改变"，但同时他也"多疑而残暴"。在罗马帝国历经了长达5年的动荡局势之后，塞维鲁接替了康茂德（Commode）成为新一任罗马皇帝，并坚持在举步维艰的境况下推行重大改革。他的上任被一些人视为"汉尼拔的复仇"。在他离世后，元老院对他作出如下评价："他不应该出生或死亡，之于帝国，他似乎过于残暴却又无可替代。"

159

看见迦太基

戈尔迪安一世（238—244年在任）的雕像（他的身后之作），迦太基，巴尔杜国家博物馆（© AMVPPC/ INP）

238年，当年轻的提斯德鲁斯人发起叛乱时，戈尔迪安恰好在哈德鲁梅图斯。正是在此次的事件中，这位阿非利加行省的资深执政官在238年3月13日宣布称帝，并开始使用"阿非利加努斯"（Africanus）这一别名。

最为激烈的暴力冲突发生于238年的提斯德鲁斯叛乱，以及310年与马克森提乌斯（Maxentius）交战期间。其间，军事开支剧增，以至于马克西米安皇帝（Maximin, 235—238年在任）开始对橄榄油征收新的税款。另一桩同样令这座非洲都城备受磨难的事件发生在310年春天，当时迦太基已成为多方势力针锋相对的交战地。此时，雄踞罗马城的马克森提乌斯发动了一次远征，出兵征剿于308年在迦太基称帝的阿非利加主教多米提乌斯·亚历山大（Domitius Alexander）。根据古罗马历史学家维克多的记述，马克森提乌斯军队的野蛮镇压尤其令迦太基损失惨重。曾经的"世界之光"（terrarum decus）惨遭践踏、

第三章　罗马迦太基或非洲的罗马

劫掠、焚毁，部分市政官员也遭遇不测，惨况触目惊心，以至于当马克森提乌斯被君士坦丁大帝处斩之后，人们将他的头颅送到了迦太基，以平众怒。

元老院与人民

一部殖民地法（lex coloniae）成为每一座城市建立时所依据的基本宪法，如元老院成员和行政官员的数量、节日历法、宗教、税收制度等。总而言之，它涉及日常管理的方方面面。它的整体管理框架以罗马城（Urbs Roma）为范本。元老院可决定每一年度的行政长官人选。但即便是将权力下放至行政官员，也并不会削弱其手握的实权。机构中"元老院成员"（ordo decurionum）的数量在奥古斯都大帝任期内增至 100 名，职责是对由行政长官负责执行的法令进行表决，具体内容包括公共庆典活动，监督财务管理工作，接收给予城邦的财物捐赠，执行选举承诺，决定与公共工程、用水和用地特许权有关的事宜，公共财产（publica）的租赁，庇护人的选择，使节的派遣，本地公民身份的授予，以及新近元老院成员的委任等。

在罗马帝国时期，迦太基城市事务的管理权仍然掌握在元老院成员手中。他们的人数随着城市的发展而不断增加，在 3 世纪左右应该已达到几百人。从数量上看，远远超过像蒂姆加德（Timgad）这样的城市，后者在 363 年拥有 10 000～15 000 名居民，元老院议员的数量仅为 158 名；不仅如此，即便是与在

4世纪已拥有1 200名元老院成员的安提阿（Antioche）相比，应该也是略胜一筹。在汪达尔人入侵时，迦太基元老院已成为一个颇具声望的长老议会，根据叙利亚主教赛勒斯的狄奥多勒（Théodoret de Cyr）的描述，这是一个"非同凡响的长老议会"。正因为如此，当君士坦丁大帝皇帝决定将元老院成员的人数从300名增加至2 000名时，一部分来自迦太基元老院的成员获准进入罗马元老院。迦太基元老院的运作机制自4世纪起也经历了相应的变化。起初，元老院会议由执政官和市政官主持，之后，便由皇帝直接在元老院成员中任命一名年度政务官。其中最具权势的十名成员组成"首席委员会"。作为其成员（les principales）在被各式铭文提及时，会直接以迦太基的灵魂人物（principales almae Karthaginis）的缩略形式"PAK"进行指代；在剧院、露天剧场和竞技场也能享有专属的席位。在罗马提到迦太基时也会使用"alma"这一修饰词，用以喻指非洲领地上广阔丰饶的土地。

我们已经对4世纪时元老院成员的职责有所了解，他们需要对公共建筑、道路状况的维护（也包括河流沿岸的土地）、档案保存和将从城邦领地征收的税款入库等事宜负责。而上述工作（munera）的具体实施则需要建筑师、公共纪念性建筑督察员和市政治安官的通力合作。

第三章 罗马迦太基或非洲的罗马

行政长官

殖民地由两名执政官（市长）和两名市政官组成的双重机构共同进行管理，他们负责统筹管理城市所获得的次要利益和物质利益，如道路系统、市场、公共建筑（包括宗教建筑的维护），以及城市和乡村治安。执政官负责重大决策的推行，包括市政政策的制定，公民、宗教和财政等相关事务的协调管理。每一位执政官都会配备一名服务人员，可以由公共奴隶或自由人担任。以上文提及的那位著名的执政官马库斯·凯利乌斯·菲勒罗斯为例，在公元前 29 年殖民地初建时，他所负责的事务包括：每 5 年向迦太基治下的 83 个异邦人社区征一次税，确认定居者社区和异邦人社区的领地界限，在迦太基建造特鲁斯（Tellus）女神庙，自此，迦太基也开始盛行瑟雷斯女神崇拜的习俗。

每隔 5 年，执政官将会行使一项备受瞩目的权力职责，即在罗马担任监察官一职，进行公民普查并有权对选举名单进行修订。此外，他还有可能会出任财政官一职，但此职位并不在晋升体系之中，有时仅被认为是一种职责（munus），而非官职（honos）。

迦太基的执政官需要对他治下的所有领地负责，尤其是在殖民地建立之初、它的乡村领土社区还未设立官员的时期。例如，在 36 年或 37 年，时任执政官的杜姆维尔·卢修斯·曼尼里乌斯·布科曾在迦太基的乡村领土进行巡视，途中曾到访沙格，

163

看见迦太基

迦太基执政官到访沙格（© 路易斯·莫林）

"致皇帝提比略·恺撒·奥古斯都，神圣的奥古斯都之子，大祭司，在他第 38 次担任护民官，第 5 次成为执政官之时。执政官卢修斯·曼尼里乌斯·布科，卢修斯之子，阿尔涅斯（Arnensis）部落已成为他治下之地。卢修斯·波斯图米乌斯·奇乌斯，凯厄斯之子——阿尔涅斯部落帕古斯区的庇护者，以其名与其子菲尔姆斯（Firmus）和鲁弗斯（Rufus）之名，在恺撒神庙前铺设了广场与庭院，并出资建造了奥古斯都祭坛、农神圣殿及拱门。"

碑文的署名为身居高位的官员，卢修斯·曼尼里乌斯·布科，曾为迦太基的第 1 任行政长官。他可能是以执政官身份在迦太基境内进行巡视时到访沙格，也可能是为了文中所提及建造工程的落成典礼，他出席献给提贝里乌斯所代表的皇室纪念碑的落成典礼表明了沙格帕古斯区隶属于其母都迦太基。另一位在碑文中提及的人物是帕古斯区的庇护人，卢修斯·波斯图米乌斯·奇乌斯，他与两个儿子，作为赞助人和财务管理人也参与了这些建筑工程的实施，也就是说，他们承担了建筑工程所需的一切费用和开支，并确保铭文中提及的工程得以顺利完工。

出席了大型广场的落成典礼，还在马托尔地区的西维里（Siviri）主持了一座神庙的建造工程。在偏远领地的各项事务之中，最艰巨的莫过于交由凯厄斯·阿托里乌斯·巴苏斯（Caius Artorius Bassus）所负责的一项，即 48 年或 49 年对沙格周边地区的蝗虫灾害进行治理。

行政长官的主要职责还包括对元老院所作的决策进行适当的引导，尤其是在官员选举期间。元老院成员所肩负的职权依旧无

第三章 罗马迦太基或非洲的罗马

同年在西维里出土的石碑上也出现同一位执政官的名字（© 路易斯·莫林，绘图：路易斯·莫林）

看见迦太基

可能是关于迦太基执政官前往沙格治理蝗虫灾害

"（此纪念碑）献予神圣的奥古斯都和提贝里乌斯·克劳迪乌斯·奥古斯都·日耳曼尼库斯，大祭司，8次担任护民官，16次担任帝国皇帝，4次担任执政官，迦太基之父，监察官。献予凯厄斯·阿托里乌斯·巴苏斯，大祭司，市政官，执政官，蝗虫治理的负责人，帕古斯的庇护人。由提诺巴之子朱利叶斯·维努斯图斯与妻子加比尼亚·费利库拉和曾任行政长官、神圣奥古斯都祭司的儿子福斯图斯出资建造。考虑到他父亲的功绩，（及）行政官员的准许，元老院和人民授予他治安法官职位。朱利叶斯·维努斯图斯以本人和父亲福斯图斯·提诺巴之名行事，他的父亲也曾任行政长官，曾为神圣奥古斯都的祭司，朱利叶斯·维努斯图斯还以他的兄弟之名行事：一位是菲尔姆斯，因功被授予治安法官一职；一位是萨图尔努斯，第二次获得护民官职位；一位是因斯特托，也曾担任行政长官和神圣奥古斯都的祭司。其子朱利叶斯·菲尔莫斯（曾是）建造工程的财务管理人。"
（© 路易斯·莫林）

此碑文同样由迦太基的第一任行政长官（阿托里乌斯－巴苏斯）所签署，他曾任大祭司、市政官和执政官，之后前往迦太基的乡村领地治理蝗虫灾害。

碑文的其余部分介绍了一个来自异邦人城市（civitas）的显赫家族。根据已知的信息，此家族成员有父亲福斯图斯·辛巴和4个担任治安法官的儿子。其中，一位是已成为罗马公民的朱利叶斯·维努斯图斯，他与妻子一起承担了此献贡的全部费用。

第三章 罗马迦太基或非洲的罗马

可替代。除了维护公共建筑和道路系统之外,他们还需负责为公共浴场的供暖提供木柴,档案的保管,以及代表帝国管理机构核查和征收市镇地区的税收。

对于普通公民来说,在一年一度的选举期间,行政长官所发挥的作用可谓至关重要,尤其是当候选人宣扬民粹主义论调时,如承诺组织竞技和演出活动、分发食物、举办宴会或免费使用公共浴场。候选人通常经过遴选,由已拥有元老院席位的成员投票表决产生。他必须证明自己拥有与所谋求职位相匹配的履历。当时,并没有设立专门用于进行选举宣传的场所,多数情况下选举宣传纯属候选人的个人行为。例如,当居民承诺支持某位特定的候选人时,会允许其将自己的住宅、工坊或商店外立面作为选举宣传位。此外,还有真正意义上的广告商人可以为候选人绘制海报颂扬他卓越的品德:优秀(optimus)、最具美德(sanctissimus)和热爱自己的故土(amator patriae)等词语最为常见。几乎所有人都参与到选举活动之中,手工业行会、宗教、文化组织,就连既不具候选人资格也没有选举权的妇女也参与其中。

最具知名度和最慷慨大度的权贵阶层会力争获任所有官职,甚至也会多次担任同一官阶。其中最出类拔萃的人物可以在城中人们最常去的场所,如广场、剧院、浴场等,接受来自公众的致意。其中,最令人瞩目的便是由元老院成员所颁授的荣誉,如为执政官埃利乌斯·马克西姆斯(Aelius Maximus)所竖立的雕像，他曾在竞技场以角斗士身份与野兽对决。当元老院成员提出这一请求时，需要由另一位有 5 年任期的执政官和迦太基的庇护人将它列入议会会议的议程，并为它发表演讲，最后对它进行表决。

来自马达拉（madaure）的著名作家阿普列尤斯（Apulée，125—170 年）在迦太基颇负盛名。他在参加法庭审判之后便长居此地[1]，并成为埃斯库拉庇乌斯神庙的祭司和该行省的大祭司。他在迦太基广受赞誉，人们也因此为他竖立了数座雕像（《英华集》[*Florides*]）。

治安部队

作为该省的首府，一座"世俗"之城，迦太基不仅富人云集，也有为数众多的异邦人，这就令它必须拥有一支正规的治安部队。原先，执政官还可以倚仗第三军团下属归他指挥的一支部队，但罗马皇帝卡利古拉在 37 年将此部队划入一名军团长的麾下。自此，迦太基执政官"无权再拥有自己的卫队"（乌尔比安 [Ulpien]《学说汇纂》[*Digeste*]），令他开始对行省内新出现的军事势力有所畏惧。正如 68 年所发生的那场危机，当时的军团团长卢修斯·克洛迪乌斯·马塞尔（Lucius Clodius

---

[1] 阿普列尤斯被指控使用符咒和法术令来自奥亚（Oea，今为利比亚的黎波里）的富家女普登提拉嫁与自己。

第三章 罗马迦太基或非洲的罗马

Macer)将他的势力范围扩大至整个阿非利加省,甚至威胁到罗马的粮食及生活必需品供应;70 年,局势发展对军团团长愈发有利,他收到了维斯帕先的命令,遵旨处决了迦太基执政官卢修斯·卡尔普尼乌斯·皮索。

此时,可能也涌现出一些准军事民兵力量,比如在提斯德鲁斯(Thysdrus)和塔里斯等地出现的类似负责维持当地社会秩序的民兵组织。相关的文献资料曾提及一名军士和一位军官,但语焉不详。此外,还提到在 238 年,当地曾派出武装力量与卡佩里安(Capellien)对战,以及当地有一支全副武装的军警力量,参与了屠杀基督徒的暴行,上述细节均表明有军队在迦太基驻防,总部应该位于堡垒区(vicus castrorum)。在哈德良统治时期,效忠于迦太基执政官的军团士兵人数为 600 人,大约相当于一支步兵大队的规模。在位于比尔·杰巴纳(Bir Jebbana)的官员墓地,发现了 4 块属于第一城市步兵大队士兵和 3 块属于第十三城市步兵大队士兵的墓碑。从戴克里先统治时期起,罗马军队经历了一系列变化。伯爵成为整个军团的统帅,他的官邸设在迦太基,拥有一支庞大的军团。最后一位已知的伯爵将领为博尼费斯(Boniface),他将阿非利加拱手送给了汪达尔人。

迦太基与阿非利加行省

尽管我们并不确定,在成为行省首府之后,迦太基具体是从何时开始大兴土木，为总督和管理该省所需数量庞大的行政人员修建办公驻地，但应该是在奥古斯都大帝统治时期，准确地说，是公元前14—前12/11年。建在比尔萨山上的行政建筑专门用于处理与城邦和行省管理相关的事务。行省总督同时负责处理民事和刑事司法事务，当他需要离开首府巡访不同城邦时，可从亲信和支持者中挑选军官和行政官员作为参谋随行。其中最广为人知的一次出巡是前往萨布拉塔（Sabratha），总督曾在那里为阿普列尤斯的审判进行裁决，后者被指控使用法术诱惑富有的普登提拉与其结婚。行省总督负责监督该省下辖城邦的管理举措，向他们传达帝国颁布的政策法规，并确保顺利实施。但凡关乎公众利益的重大公共建造工程，如道路和水道的修建，也由总督进行直接监管。此外，他还在经济和财政方面拥有诸多特权，例如，依据帝国制定的标准监督基本食品的售价，并以征收小麦实物税的方式阻止面包价格的过度上涨。

迦太基同时也是主要财政管理机构的所在地，尤其涉及土地和税收事务的管理，而这些职能唯有凭借军警力量的保障才能有效实现。最初参与这项任务的是第三军团的一支部队，但在90—100年被600人组成的第十三城市步兵大队所取代。到了哈德良统治时期，再改由第一步兵大队负责。此外，罗马皇室中还设有皇室事务管理机构，直接听命于皇帝，其中包括了皇室财产管理官一职，主要负责管理规模庞大的皇室私人财产，他们中的一部分人还会被委以总督代理官一职，比如著名的希

第三章　罗马迦太基或非洲的罗马

官员墓地中的大型陵墓，迦太基，2世纪中叶，巴尔杜国家博物馆（© AMVPPC/INP）

以石膏和灰泥修筑的大型陵墓，它的四面均饰有浮雕；其中一侧的浮雕刻画了以骑士形象出现的该省副总督，他的前方置有标牌、象牙椅和束棒，这些物品通常被视为立法者身份的象征。

拉里安努斯（Hilarianus），被赋予"剑之权力"[1]，获得总督（praeses）一职的任命，取代了已故的前总督米努西乌斯·蒂米尼安努斯。他曾于203年下令处决了殉道者佩尔佩图亚和费利西蒂（Perpetua et Felicitas）。代理官也会对被划入他们行

---

[1] 拉丁文"ius gladii"，意为"剑之权力"，指总督所拥有的判处死刑的"生杀权"。

政区之内的其他总督所治理的地区（包括市辖区 [regio] 和乡村地区 [saltus]）进行监管。在诸多行政区之中，最为重要的显然是迦太基行政区，它的总督来自骑士阶层，被称为"阿非利加行省迦太基行政区总督"（procurator Augusti provinciae Africae tractus Karthaginiensis）。

在罗马帝国官员墓地的发现令我们对当时效力于帝国行政机构的释奴和解放自由人有所了解，这二者构成了行省总督的下属官员或卫队成员。我们不会在这里找到属于骑士阶层代理人或拥有生来自由人身份的官员墓地。这一专为出身下层阶级的官员而建的墓地主要安葬了管区代理官和负责在迦太基以外的地区收缴税款的官员，后者仅在向上级报账、接受命令或离世之时，才会回到迦太基城。上述官员共同构成了奥古斯都皇廷的管理组织（domus Augusta）。他们所从事的职业包括医生、教育家和神庙守卫等。此外，负责征收阿非利加行省 4 种间接税（quattuor publica Africae）的官员也会安葬于此，他们一般隶属于专门征收此税的机构，任期为 5 年。

在此后一段时期内，尽管皇室廷臣的官职名称有所变化，但职能范围却始终如一。在塞维鲁统治时期，努米底亚脱离了迦太基成为一个独立的行省。随后，戴克里先将阿非利加行省剩下的属地再一分为三，即拜扎凯纳省、的黎波里塔尼亚省（Tripolitaine）和泽吉塔纳省（Zeugitane），后者的首府为迦太基，它的地位明显高于另外两个省份的首府，即哈德鲁梅图斯

第三章　罗马迦太基或非洲的罗马

（苏塞）与大莱波提斯。在 3 世纪末或 4 世纪初，罗马帝国的财政事务由一位财政大臣（rationalis summarum，即库务审计官）统管，主要涉及皇室的私人财产和帝国财库资产的管理。398 年，迦太基总督的行政管理部门总共雇用了 300 名行政人员，在严格监管之下，专门负责处理各项城市行政事务。

行省议会

总督的政府管理机构受行省议会监督，后者由行省内各个城市的代表构成。议会成员数量众多，在 4 世纪，仅泽吉塔纳一省就派出了 160 名代表。即便对于一个领土面积在 25 000～30 000 平方千米、拥有众多城市的省份来说，这个数字也是相当惊人的。在这一时期，担任行省大祭司一职的人选由议会选举产生。当行省总督任期结束时，议会可要求他作述职总结，再通过投票决定是向他致贺、授予荣誉，还是指责他任期内的不良行为，情节严重时甚至可在罗马元老院对他提出诉讼。以马利乌斯·普里斯库斯（Marius Priscus）的情况为例，他于 97 年或 98 年任行省总督一职，后被指控收受了大约 100 万塞斯特提的贿赂，在被判处需驱逐出意大利之后，他归还了这笔款项（小普林尼《书信集》[Epistulae]）。古代文献记述了关于维斯帕先执政时期的一些轶事，由于他生性节俭，虽不至于以吝啬来形容，还是令他成为一个不那么受欢迎的君主。幸好行省议会中的几十名代表非富即贵，在他们的主持之下，在一年之中总会在数周中举办各式庆典活动，其中新当选的大祭司也需要

173

为众人组织与其行省首席祭司身份相匹配的竞技和演出活动。此外,行省议会的职能还包括促进相邻城市之间的往来,以提升它作为大都市的威望。

另一股与行省总督权力形成制衡关系的势力来自军中。238年在提斯德鲁斯和迦太基发生的叛乱促成了戈尔迪安一世的上台,但最终在由卡佩里安所指挥军团的血腥镇压下覆灭。

迦太基已成为众多帝国权力代表机构的驻地。尽管权力行使范围已延伸至行省首府之外的其他地区,但它的官员更愿意留在城中处理政务。也正因为如此,一个构成相对丰富且多样化的官僚行政体系得以形成,其中包括了生来自由人、解放自由民和奴隶。戴克里先于301—303年推行的一系列改革应该是以加强对其城邦的管控为目的,但却大幅增加了官员的数量,从而导致臣民财政负担的加重。根据《百官志》(*Notitia dignitatum*)的记载,我们大致对总督办公室(officium)的官员数量进行估算,他们由不同官员组成,包括了年薪达20万塞斯特提的总长、一名首席书记官、两名簿记员、一名书记处负责人、一名治安代表、一名民政事务助理、数位秘书、抄写员、信使,还有人数无法确定的下属人员。此外,主教的驻地也在行省首府,他所配备的办事人员与总督相差无几。所有帝国官员的任务是在该省维持社会秩序和令帝国的政策法规得以顺利实施。

第三章　罗马迦太基或非洲的罗马

迦太基和阿非利加的粮食实物税

罗马一直以来都觊觎非洲大陆丰足的谷物收成。自恺撒吞并努米底亚王国以来，他从这片土地获取了 105 000 公石的粮食。从奥古斯都大帝统治时期开始，阿非利加和埃及这两个行省成为罗马的重要粮仓。原先，罗马在此地的主要粮食产地为该省的第一个首府乌提卡，它的粮仓（horrea）由帝国的奴隶负责看守。当迦太基成为该省首府和行省总督的驻地时，情况开始有所转变，尤其是在奥古斯都时期，港口的疏浚工程完工之后，粮仓被建在了托非遗址之上。

克劳狄一世时期曾实施了相应的举措以协助商人抵御风暴灾害带来的风险，等到塞普蒂米乌斯·塞维鲁时期，又免除了他们的公共负担，最后，是亚历山大·塞维鲁给予他们最为优厚的豁免权，商人所获得的诸多特权无疑促进了商业活动的蓬勃发展。克劳狄一世甚至给予拥有可运送上万斗（modii）粮食的商船船主诸多特权：如果为拉丁人，可获得罗马公民权；如已为公民，则免受旨在控制生育率的《帕皮亚和波帕亚法》（Papia-Poppae）的制约，准许其妻可诞下 3 名子女（ius trium liberorum）。随后，在康茂德时期，人们始终担心来自亚历山大的补给不能如期抵达，便将希望寄托于稳步发展的非洲舰队（classis Africana），希望它们能在必要时刻稳妥无误地执行运输任务，为此他甚至荒谬地以"亚历山大康茂德民用舰队"（Alexandria Commodienne togata）为其冠名（《罗马帝王纪》

[*Histoire Auguste*],《康茂德的生活》[*Vie de Commode*])。

自 4 世纪起,粮食实物税的形式就逐渐出现在人们的生活之中。当时,由一位拥有"荣耀者"头衔的阿非利加粮食管理官(praefectus annonae Africae)负责征收,他直接听命于意大利行政区总督,不受行省总督或主教的管辖。他的职责是将收缴的粮食集中运往罗马,为此,他需要指挥调动遍布行省各地的官员。他本人及其相关机构人员坐镇迦太基城便可履行职责,其中也包括了隶属于经帝国认可的行会或组织的承运人[1]。因此,作为税金送往罗马的粮油农产品会首先在迦太基集中,尤其是小麦和橄榄油这两项,它们是罗马皇帝为保证社会稳定而免费向罗马平民发放的福利。但实际上,以此换来的和平稳定不堪一击,但凡遭遇歉收(例如 383 年和 388 年)、风暴灾害导致的运输延误(359—360 年和 389 年),甚至政治冲突事件如 397—398 年爆发的柏柏尔王子吉尔顿(Gildon)叛乱,便会立即陷入困境。

---

[1]　在此处,承运人指承担海上货物运输的个人或商号。

第三章　罗马迦太基或非洲的罗马

宗教：促进社会和谐的利器

一般来说，作为一个完全由罗马公民构成的殖民地，其宗教信仰与神灵体系通常也只涵盖罗马神祇。迦太基与其他罗马非洲城市的宗教传统大致相同，主要信奉孔科耳狄亚女神和司掌富裕与丰饶的神灵。其中，瑟雷斯女神（Cereres/Ceres）占据了极为重要的地位。

事实上，罗马神系之中的所有神祇在迦太基都拥有一席之地，且每一位都有自己专享的居所。重要的神庙位于比尔萨山岗及广场四周：城市中心就是今天圣路易主教座堂的所在地，埃斯库拉庇乌斯神庙就建在古老的埃什蒙神庙遗迹之上，也坐落于比尔萨山岗。此外，还有凯利斯提斯女神庙（Caelestis）……在迦太基，主宰居民宗教和社会生活的三类神灵信仰传统也对罗马非洲其他城市的信仰习俗产生了深远的影响：神圣皇帝信仰、孔科耳狄亚女神（Concordia）崇拜和瑟雷斯女神崇拜。作为罗马帝国的海外殖民地，前两种信仰活动的盛行也算是与其殖民母都一脉相承，至于女神凯利斯提斯，她的盛名则要归功于布匿迦太基的伟大神祇塔尼特，她也被视为后者的继承者。

迦太基人信仰的神祇包括：太阳神阿波罗，女神埃斯库拉庇乌斯，众神之王朱庇特，农业之神萨图尔努斯，以及女神维纳斯。巴尔杜国家博物馆（© AMVPPC/INP）

第三章 罗马迦太基或非洲的罗马

孔科耳狄亚女神

迦太基朱莉亚孔科耳狄亚殖民地（Colonia Concordia Iulia Karthago，简称为 CCIK），或是迦太基孔科耳狄亚朱莉亚殖民地（Colonia Iulia Concordia Karthago，简称为 CICK），均为罗马迦太基殖民地自公元前 44—前 29 年建立起所采用的官方名称。作为修饰语的朱莉亚（Iulia）所指代的是其创建者的姓氏（异邦人）尤利乌斯（Iulius），在这里所指的就是恺撒本人（Caius Iulius Caesar）或其养子屋大维（Caius Iulius Caesar Octavianus）。根据殖民地名称所提供的诸多细节，我们可以将殖民地的建立时间确定为公元前 44—前 27 年，正是在这一时期，屋大维称帝，正式被尊称为"奥古斯都"。而第二个修饰语"孔科耳狄亚"，显示了从建城之初或在其加速发展时期一直被置于孔科耳狄亚女神的庇护之下，这一将城市神圣化的构想促进了迦太基社会中不同成员之间的和谐共存。据此推断，孔科耳狄亚女神庙很可能也是建于公元前 44—前 29 年。神庙的所在地就是今日圣路易大教堂半圆形后殿的位置。19 世纪时，德拉特神父（Delattre）曾在此处发现一块大理石石碑的碎片，碎片上的铭文提到了在孔科耳狄亚女神庙中所进行的建筑工程。

坐落于山岗之上的这座神庙能为我们证明，它是在恺撒治下殖民地建立初期山顶平台经历第一次规划整修时所建。当然，我们无法排除当时的迦太基已存在其他神庙，甚至已建有一座孔

这段残缺的铭文是献予一位名为屋大维的人士,他的名字出现在铭文的第一行。作为一位已故皇帝的终身祭司。这位屋大维曾参与孔科耳狄亚女神祭坛(l'aedes Concordiae)的修建,可能是其修复、扩建或者加建门廊及其他装饰元素的美化工程,迦太基国家博物馆(© AMVPPC/ INP)

科耳狄亚神庙的可能性,正如同一时期的罗马已拥有至少5座神庙,其中最古老的一座建造日期可追溯至公元前367年,当时,罗马刚刚平息因平民执政官的选举权而产生的种种风波。在罗马帝国时期,"孔科耳狄亚崇拜"因"奥古斯都"这一神圣称谓也与罗马皇帝产生了关联,因此,"孔科耳狄亚"也成为皇帝名号的一部分,即"Concordia Augusta"。有时,孔科耳狄亚女神会以紧密相交的双手这一图像表现,代表了在她的眷顾之下,帝国各掌权者或皇室成员之间的和谐关系(gens/domus Augusta)得以保障这一寓意。

第三章 罗马迦太基或非洲的罗马

吉蒂斯考古遗址出土（今为突尼斯的布·吉拉拉），巴尔杜国家博物馆，2—3 世纪
（© AMVPPC/INP）
在罗马帝国，孔科耳狄亚女神已成为最具影响力的宗教崇拜对象，她所彰显的神圣意志维系了不同族群之间的相互理解与和睦共处。

看见迦太基

罗马帝王崇拜

将在世或已故去的皇帝奉为崇拜对象这一传统始于朱利安·克劳狄王朝的第一位君王奥古斯都,在他的殖民地和广受罗马恩惠的城邦中也尤为常见,如迦太基和沙格。这两座城镇最早出现的宗教祭祀场所就与对皇帝及其皇室成员的崇拜有关,相关的文献记载也较为丰富。在迦太基,为奥古斯都皇室所设的祭坛和沙格的提贝里乌斯神庙均建于1世纪初(14—37)。供奉奥古斯都皇室成员的神庙规模适中,由3间并列的小殿构成,这也从侧面证明了这一信仰习俗在当时的发展程度。

我们可以断定铭文中所提及的神庙完全由私人筹建,因为它们的建造地点位于祭司的私有土地(solo privato)之上。罗马皇帝被视为帝国及其臣民的统一体,因而被奉为可供人崇拜的神灵。这一信仰形式最初出现于迦太基和提尼苏特(Thinissut,可能为突尼斯城市哈马马特)。在皇帝归天后,被赋予神圣性

迦太基,库藏(© AMVPPC/INP,图片摄影:利达·塞尔米)
"致奥古斯都家族,普布利乌斯·佩雷利乌斯·海杜勒斯(Publius Perelius Hedulus),终身祭司,为在自己的土地上自建神庙的第一人。"

的君王，通常被加以神圣的（divus）这一形容词。奥古斯都皇家神庙的形制很可能是仿照彭特利库斯（Pentélique）神庙的大理石祭坛而建，它四周的浮雕装饰分别展现了阿波罗太阳神（奥古斯都的保护神）、罗马女神（她坐于战车之上，身旁饰以丰饶之角、商神权杖和世界地图）、埃涅阿斯（Énée）与其父安喀塞斯（Anchise）和年轻的阿斯卡尼俄斯（Ascagne）离开特洛伊城的情景，最后则为祭祀仪式的场景，可能与殖民地的建城仪式有关。这些装饰性图案的构思灵感应源自罗马的和平祭坛和奥古斯都所描绘的图景，即重建和平盛世，守卫罗马帝国执掌天下的权力，皇帝可以令他的子民拥有圣洁、繁荣和富庶的生活，而这一切使迦太基的重生成为可能。

这一浮雕作品可能出自罗马的某个手工作坊，值得注意的是，神庙装饰性图案所表现的主题及其所宣扬的内容并非由作为神庙赞助人的祭司所决定，而是为奥古斯都的成神之路进行铺垫：无论是罗马女神，还是恺撒家族，均为埃涅阿斯之子伊鲁斯·阿斯卡尼俄斯的后人。几乎在同一时期，大莱波提斯和马克塔里斯为罗马女神和神圣奥古斯都设立了祭坛；供奉奥古斯都的祭坛也出现于沙格的广场和乌提卡城，在后者为他所立的祭坛之上，人们开始以"无敌"（invictus）一词描述其品格；在提尼苏特，奥古斯都最终成神。此外，提贝里乌斯也成为人们祭祀崇拜的对象，这从马格拉瓦人为罗马女神和提贝里乌斯所写的献词便可得知；沙格也有一座为他修建的神庙（恺撒神庙 [templum Caesaris]）……朱利安·克劳狄王朝的前两位君王均在生前就成为人们祭祀崇拜的对象。

对帝王的祭祀崇拜活动在各行省内也备受推崇，它的相关组织工作由维斯帕先治下（69—79年在任）于71年所建立的行省议会（concilium provinciale）负责。作为每年一度议会会议的举办地，迦太基已成为该省的宗教中心和行省祭司（sacerdos provinciae）的驻地。担任这一圣职的阿普列尤斯称之为"最高荣誉"（summus honos）。在行省议会会议举行期间，人们会举行游神、祭典、盛宴和演出等各式活动，为罗马帝国的皇帝歌功颂德。会议通常于10月底举行，也许会持续5天，根据《狄奥多西法典》（Code théodosien）的规定，它一般在11月1日结束。特土良曾在《护教辞》（Apologétique）中描述，在此期间，整座城市看起来就像一间巨型酒馆，酒香在城中肆意弥漫。神学家圣奥古斯丁则告诉我们，当阿普列尤斯任行省祭司时，可能曾在竞技场举办狩猎表演。由此看来，担任祭司一职需要投入高昂的成本，难怪自3世纪起，迦太基的显贵们便开始对这一圣职敬而远之。因此我们也可以理解为何阿非利加行省总督朱利叶斯·费斯图斯·海米提乌斯（Julius Festus Hymetius, 366—368年在任）会因降低该职位的投入成本而备受拥戴，"这一举措令他的下属再度对行省祭司这一曾令他们心惊胆战的职位趋之若鹜"。此外，为了防止阿非利加行省发生饥荒，他出售了储存在实物税粮仓中的小麦，正是这一举动令他深得民心。他也因此获得了省议会的嘉奖，两座为他而建的镀金雕像分别安置于迦太基和罗马。

第三章　罗马迦太基或非洲的罗马

瑟雷斯女神崇拜

希腊人关于丰收女神得墨忒尔及其女儿科雷／普西芬妮的祭祀传统对迦太基和整个阿非利加行省产生了深远的影响。在迦太基，她们最早出现的时间可追溯至公元前 4 世纪初，发生于希米尔科率布匿军队洗劫叙拉古神庙之后。在罗马统治时期，她们被视为等同于神祇特鲁斯与普洛塞庇娜（Proserpine），称谓通常以复数形式瑟雷斯（Cérès）出现。这一传统的形成应是在公元前 44 年罗马迦太基殖民地的建立时期，准确地说，不会晚于公元前 40 年。神庙面朝大海，可能位于城市的北部。人们经常将女神瑟雷斯与冥王普路托（Pluton）联系在一起，因二者所司掌的内容都有与丰饶（frugifer）相关的部分。祭祀活动由祭司（sacerdotes）与每年选出的官员（magistri）主持。当他们履行神圣职责之后，便能获得"塞瑞雷斯"（cerealis）这一头衔，并成为"谷物祭司"（sacerdotes cereales）这一宗教团体的成员。特土良在《致妻书》（*Ad uxorem*）中将瑟雷斯女神称为阿非利加瑟雷斯，似乎是为了与希腊的瑟雷斯女神有所区分。而阿普列尤斯《金驴记》（*Métamorphoses*）将她描述为"丰饶、丰收之母及造物者"。瑟雷斯女神崇拜在迦太基的盛行自然是因为她是司掌农事与谷物之神，但似乎也得益于恺撒战役之后阿非利加行省所实行的粮食实物税制度。瑟雷斯这一命名已充分体现了此神祇在社会生活之中所占据的重要位置，与其说这彰显了她的宗教地位，不如说是政治意涵得以凸显。这一神灵祭祀传统兴于殖民地建设初期，即公元前 44—

前 40 年，同时也标志着祭司制度的创立。关于瑟雷斯女神的信仰习俗，我们已知她最终消失的年代为"CCLXXXVI"，即 286 年[1]。

凯利斯提斯女神崇拜

凯利斯提斯女神被视为伟大的塔尼特女神的继承者和巴勒大神的下级神祇，在迦太基的托非发现了人们为她敬献的数以千计石碑。这表明，在当时以她为崇拜对象的祭祀活动已蔚然成风，尤其是相较于作为巴勒大神继承者的萨图尔努斯，后者显然未能在迦太基享受到相同的待遇。根据特土良《护教辞》的记述："她为人们带来了丰沛的雨水（pluviarum pollicitatrix），类似于我们的祈雨仪式奥莫克·坦努（Omek Tannou），人们为她修建了一座宏伟的神庙，这似乎表明了她在该城万神殿之中所享有的崇高地位。"根据一位生活在 5 世纪不具名人士的描述，凯利斯提斯女神庙是迦太基最恢宏的神庙之一，"为该城众多神庙所环绕……它占地面积（周长？）约为 2 000 跨步"。但这座神庙的位置，至今还不得而知。她的身影曾两次出现在历史场景之中。第一次是在 219 年埃拉伽巴路斯（Élagabal）登基之时，这位罗马皇帝在罗马修建了一座神庙，其中供奉着

---

[1] 在铭文之中，瑟雷斯神庙的祭司会写明其所担任祭司的年份和自公元前 44—前 40 年起瑟雷斯祭祀崇拜已延续的年份。例如，如果一位祭司在瑟雷斯祭祀传统延续 100 年（sacerdos Cereris/Cererum/cerialis）之际任职，那么其任期应为 56—60 年。

第三章 罗马迦太基或非洲的罗马

来自埃米萨（Émèse）的黑色圆锥形石头，摆放有众神之母、维斯塔女神、迦太基女王凯利斯提斯女神的神像及人们向它们敬献的大量供品。但当亚历山大·塞维鲁于222年掌权后，女神的雕像被运回迦太基。第二次则可追溯至5世纪初，一位名为阔杜斯（Quodvultdeus）的迦太基主教在他于445年所撰写的《上帝的承诺与预言》（Des promesses et des prédictions de Dieu）文中描述了他年轻时在迦太基凯利斯提斯女神庙所见到的情景。据他描述，这座神庙极为宏伟，周围建有专门供奉相关神祇的小神殿，但由于狄奥多西（Théodose）的反异教政令而被废弃，如今灌木丛生。对于异教徒来说，这一处境无疑令人悲痛，而基督徒则希望可以将此神庙改建为教堂，最终也得偿所愿。一位名为奥勒留（Aurelius）的主教在复活节期间进驻此教堂，并将它作为主教座堂。但根据一位异教徒占卜师的预言，此神庙将被归还予它原先的主人。随后，此地便爆发了骚乱，为了平息冲突，当局在421年决定将此地夷为平地，并在原址加盖了一座墓地。

这段记述强调，即便是在基督教信仰占据上风之时，凯利斯提斯女神的信仰崇拜活动也从未中断，它同时还证实了神庙的规模、确认了其中还供奉了与凯利斯提斯女神相关的12位神祇。这是阿普列尤斯《金驴记》中所描述的女神："我是自然之母……万物之主……众神的记忆，祖神之王……我已在各式祭仪中幻化为千种形态，被赋予千种名讳，为宇宙万物所崇拜。"

看见迦太基

得墨忒尔女神的雕像,迦太基,迦太基国家博物馆(© AMVPPC/INP)
这座雕像与另外两座雕像,包括得墨忒尔女儿科雷的雕像,造于5世纪,为保护它们不受基督徒破坏,人们将它们存入当时作为藏身之所的小地下室。

第三章 罗马迦太基或非洲的罗马

西罗马帝国第二城

当神学家奥古斯丁（Augustin）于370年从他的家乡塔加斯特城（Thagaste，今为阿尔及利亚城市桑克阿哈拉）初到迦太基时，可以想象，眼前的一切与他之前对城市规模的认知已是天壤之别。439年，当迦太基城被汪达尔人占领时，作家萨尔维努斯（Salvianus）在他写于约440年的著作《论上帝的统治》（*Du gouver ne ment de Dieu*）中称迦太基为非洲的罗马（Roma）。毋庸置疑，迦太基即便在被占领之时，甚至直到被阿拉伯人攻陷前夕，依然是世界上最美丽和最为恢宏的城市之一。庞波尼乌斯·梅拉（Pomponius Mela）在《地球之所在》中写到提贝里乌斯统治时期已因此而对它称颂不已。经历史学家赫罗狄安（Hérodien）证实，在安敦尼王朝和塞维鲁王朝时期，它的魅力也丝毫未减，仅次于罗马，唯有亚历山大和君士坦丁堡可与它相提并论。波尔多诗人奥索尼乌斯（Ausonius）在他著于390年前后的《名城榜》（*Classement des villes célèbres*）中也为这座城市的繁荣盛景加以佐证，据他描述："面对迦太基的崛起，居于首位的君士坦丁堡并未完全退让，因为如果迦太基无意屈居第三，它也不敢奢望能排到它们都曾位列的第二名。"而君士坦丁堡的声望与地位完全归功于君士坦丁大帝，他将此城定为罗马新都。而对于迦太基这座城市，即便曾遭废弃，曾布满残垣断壁，它依旧吸引了诸多对其充满好奇的探访者，如阿拉伯地理学家巴克利（El-Bakri）曾于11世纪到访此地：

即便是那些每日来到迦太基,对它细细观赏、凝神静思的人们,都能在每一次的游历之中发现一些曾被忽视的精彩之处……哪怕我们将北非的所有居民聚集于此,将这里的一砖一瓦搬走运往他处,迦太基也不会消失。

因此,几乎所有曾对迦太基城付诸笔墨的人们都注意到一个事实:也许从综合实力和军事力量来看,曾经的迦太基才有资格被视为与罗马势均力敌的对手,但自5世纪和6世纪起,它在教育领域所获得的辉煌成就和在人文、哲学领域的强大师资力量令它再次与罗马并驾齐驱。

罗马时期的港口

与比尔萨山岗耗时过久、极可能也是耗资巨大的建造工程相比,罗马时期的迦太基港口并不需要通过庞杂的施工便能恢复正常运作,原因之一,是在第三次布匿战争期间港口仅遭受轻微的破坏;再者,站在罗马帝国统治者的角度来看,殖民地一旦建成,应尽量让它迅速发挥作用。由于城市与大海相连,它古老的商港成为首先投入使用的地点。据考古学家的推测,与港口相关的工程大约是在图拉真或哈德良统治时期,即98—138年竣工。以图拉真在奥斯提亚的内港布局为模板,港口从原先的矩形被扩建成为一个具有狭长六边形的区域。新的港口面积约为400米×150米,占地约6公顷,深度达2.50米。在5世纪初,由于海平面的上升,海岸线也被相应加高。据专

第三章　罗马迦太基或非洲的罗马

家估计，海平面上升的高度约为15厘米，这也进一步导致了6世纪时海墙的增高。这可能也是在该世纪末此港口最终被废弃的原因，它周围的仓库也被改造成为陶器作坊。

环形港口的功能也在逐渐发生改变，经历了不同的阶段。它在殖民地建立初期首先经历了疏浚施工，此时，在它北岸，出现了一个真正的手工业作业区，总共包括25间工坊，其中15间为土坯房，其余10间均为石砌房。在此处作业的工匠来自不同的工艺行业：染色、鞣革、金属加工、玻璃制造和骨制品制造等。直到2世纪末，它四周环绕的码头才有所发展，中心小岛被改建为一个开放的广场，被长廊所环绕，中心处建有一座小型神庙和一座八角形建筑。此建筑群气势宏伟，与罗马都城相比也毫不逊色，其中还建有一座带有四扇拱门的凯旋门，后者应该于康茂德统治时期建成，在186年所创建的专门用于粮食运输的非洲舰队很可能就驻扎在迦太基。

来自4世纪末带有铭文的陶器碎片（ostraka）表明，迦太基在这一时期仍然设有负责向罗马供应小麦和橄榄油等粮食实物税的相关机构。其中一片出土陶片提到在环形广场上置有专门的橄榄油称重器具（mensor olei in foro Karthago），这就意味着环形港口已成为公共广场，一座名副其实的"海上广场"，主要用于粮食实物税的征缴和商贸活动的开展。

看见迦太基

用水难题与迦太基的引水渠

迦太基拥有两处中等规模的水源，分别位于达尔·萨尼亚特（Dar Saniat）附近和有"千瓶喷泉"之称的安东尼浴场区。除此之外，这里并没有安装公共供水系统。为了满足人们日常的用水需求，迦太基人自布匿时代起就开始使用地下水和利用私人蓄水池所收集的雨水。因此，当其他规模较小的城市，如乌提卡已建有配备了引水渠的公共浴室时，迦太基人却还只能使用小型浴室。直到她建城近两个世纪之后才拥有了大型浴场。其实我们不应该将这一公共设施建造的无限期推迟完全归咎于财政吃紧，更合理的解释应为水源不足和水质的问题，而这两点对于能否建造一个与阿非利加第一城和总督驻地地位相匹配的大型浴场至关重要。此地主要财富如土地、采石场、矿场、农业灌溉水源及饮用水源护理等资产的所有者正是皇帝本人，要想彻底解决水源的问题，就需要获得他的许可，让迦太基使用扎古安山脉的水源，两地之间的直线距离为 56 000 米。

根据阿拉伯地理学家巴克利的研究，迦太基的地下水源自德拉拉（Delala，今为突尼斯朱伽），它的建造工程持续了 40 年之久。根据在现场发现的拉丁语铭文，我们得知第一条水渠的

迦太基鸟瞰图

第三章 罗马迦太基或非洲的罗马

修建主要是为了向迦太基的皇家浴场,即远近闻名的安东尼浴场输送水源,它以罗马皇帝安敦宁·毕尤(138—161 年在任,Antonin le Pieux,又译安东尼·庇护)的名字命名,于157/159—162 年竣工。巴克利应该是根据他所掌握的文献资料和借助口头传统保留的各种资料推断,迦太基引水渠的修筑工程应始于哈德良(117—138 年在任)统治初期,艾因·扎古安(Aïn Zaghouan)成为第一条引水渠的起点。

从哈德良的传记中，我们了解到，"虽然他不喜欢（他的名字）出现在建筑物的铭文之上，却将许多城邦命名为'哈德良城'（Hadrianopolis），尤其是在迦太基和雅典的部分地区。此外，他还用自己的名字为数不胜数的引水渠命名"。这部传记还提及，当哈德良在 128 年到访阿非利加行省时，恰好赶上 5 年干旱之后的首次降雨，这令他赢得了此地臣民的欢呼礼赞。很可能正是在这次旅途中，当这位罗马皇帝第一次踏足阿非利加的首府时，决定准许迦太基使用和输送扎古安山脉的水源入城。迦太基的政要显贵在经历了长期干旱后经常抱怨城中水源匮乏，也缺少与大都城规模相匹配的大型浴场。面对他们的诉求，皇帝只能赋予他们用水的特权，正如他在 119 年或 120 年将"永恒的水之馈赠"（aquae aeternitati consuluit）赐予大莱普提斯，不仅准许它拥有水源的使用权，并给予它在建筑学和军事地形学等相关领域的技术支持，以便引水渠工程的顺利实施。

已有充分的证据说明，这项工程已成为帝国的事业。该引水渠始于扎古安附近，即古时的兹奎（Ziqua）城所在地，它距迦太基的直线距离为 56 千米。之后，应该是在塞维鲁王朝治下，又增加了另外 3 条延伸管道，它们远离城市，其中最长一段（33.65 千米）位于祖卡瑞塔纳领地之中的艾因·朱伽（Aïn Jouggar）。相关行政文书的审批程序必定会拖延工程项目的进展，因为在这一过程中需要与各个地方集体组织，尤其是引水渠所经过领地的主人达成诸多协议。通常以下述两种方式进

第三章 罗马迦太基或非洲的罗马

扎古安水神庙（© AMVPPC/INP）

扎古安通常被认为就是古时的兹奎城，这一地名应源自位于其南部的山脉，维克多·德·维塔曾在其著作中分别两次提到"山脉兹肯斯"（Mons Ziquensis）和"兹肯斯山脉"（Ziquensis Mons）。如今，这座城市因其水利工程建筑"水神庙"而闻名于世。它的平面布局呈马蹄形，与同时代其他类型的纪念性建筑十分相似，如罗马的恺撒广场、沙格的凯利斯提斯神庙或蒂沃利的哈德良离宫（Villa Adriana）的圆形神庙建筑（tholos）。它由一个分成两片的低地组成，低地两侧分别建有两段台阶，可以直接通向神庙。神庙建筑本身由一个半圆形的庭院构成，它顶部盖有圆顶，其中摆放着一尊神像（海神尼普顿）或帝王神像。整个庭院以门廊环绕，门廊的每一侧设有六个神龛，两侧供奉着共十二尊神祇，分别为：朱诺（Iuno）、维斯塔（Vesta）、弥涅耳瓦（Minerva）、瑟雷斯、狄阿娜（Diana）、维纳斯（Venus）、玛尔斯（Mars）、墨丘利（Mercurius）、朱庇特（Iupiter）、尼普顿（Neptunus）、武尔坎努斯（Vulcanus）、阿波罗（Apollo）。

在考古遗址之上还坐落着一座比大神庙更为古老的小神庙和一个呈椭圆形的低地。正如我们所知，这一切都与迦太基安东尼浴场的供水工程有关。神庙的建造工程应是于塞普蒂米乌斯·塞维鲁统治时期内竣工。

看见迦太基

迦太基引水渠路线图（制图：哈姆登·本·罗姆丹 [Hamden Ben Romdhane]）

➤ 迦太基引水渠位于欧德·米利安（Oued Miliane）的部分

行：循序渐进地购买沿管道路线及其两侧向外延伸的狭长土地，建造一段高架水渠所需的土地长度为 15 英尺，一段地下水渠则为 6 英尺，这是对输水管道进行定期监控和维护的必要条件；或是诉诸制度体系占用所需的土地，在类似情况下最为常见的为地役权的行使，以获得通过管道汲水的权利（seruitus aquae ductus）。

艾因·扎古安和其他向迦太基供水的水源地情况类似，对此，我们无须赘述，它们自然为皇帝所有，例如，其中最知名的为位于艾因·杰玛拉（Aïn Jemmala）皇家领地，瑟格尼卡（Thignica）和蒂布尔西库·布勒（Thibursicu Bure）两座城邦之间，以及艾因·欧俄塞尔（Aïn Ouassel，或瓦塞尔）和艾因·扎格（Aïn Zaga）等皇家领地的引水渠。在塞维鲁王朝时期，又增建了另外 3 条引水渠，从而确保了迦太基的水源供应，这也与古罗马政治家弗朗提努斯（Frontinus）在他的著作《关于罗马的供水系统》（*De aquis Urbis Romae*）中在提及罗马皇帝的功绩时所记述的内容相符。此外，这也从侧面反映了仅靠艾因·扎古安一个水源地已不能满足人们的用水需求。

从迦太基引水渠的路线长度来看，它已是罗马帝国中最长的一座，约 132 000 米，横跨诸多领地和城邦，其中包括了著名的罗马殖民地奥德纳（即古时的乌提纳）。仅从安东尼浴场附近的位于马尔加亚和博尔吉·杰迪德的巨型蓄水池便不难看出，这无疑是一个规模巨大、所费不赀且极具雄心的建造工程，更

第三章 罗马迦太基或非洲的罗马

何况它还涉及在引水渠所经过的私人领地和地方集体组织行使地役权等其他特权。而这一构想的产生有可能可以追溯至奥古斯都殖民地建立的初期。

马尔加亚和博尔吉·杰迪德的巨型蓄水池

当引水渠将水引至迦太基时,首先抵达的是位于马尔加亚、占地面积约为 13 公顷的蓄水设施。今天,我们在此地见到的巨型蓄水池、浴场和两段引水渠等建筑,作为扎古安至迦太基引水渠的组成部分,均被视为最为壮观、保存最为完整的古迹遗址。作为罗马时期最令人瞩目的蓄水池之一,它建有 16 个蓄水容器,尺寸为 130.75 米 × 101.95 米。每个容器的深度为 4 米,这意味着整座水利设施容水量已超过 44 000 立方米。近

位于马尔加亚的综合水利设施(© Nirvana,图片摄影:安东尼·维达尔 [Antoni Vidal])

199

期由意大利和突尼斯考古团队所进行的考察证实了此蓄水池通过一个起到引流作用的低地（castellum divisorium）与宰格万引水渠、安东尼浴场附近的博尔吉·杰迪德蓄水池相连。由于两座蓄水池分别地处不同类型的领地，对于它建造日期的确定仍存有争议，问题集中于究竟应该以恺撒或奥古斯都治下的格拉古时期两座蓄水池已建成作为依据，还是以二者分属于不同的城市和乡村领地作为出发点进行推断，而这两条线索也将分别指引我们得到大相径庭的答案。

迦太基另一座宏伟、壮观的水利工程就是位于博尔吉·杰迪德的巨型蓄水池。由于这座巨型工事位于总督府的围墙之内，具体来说，坐落于海边略微向北或西北方向，即安东尼浴场处延伸的区域。正如诸多古代文献的记载和法国作家夏多布里昂（Chateaubriand）《巴黎到耶路撒冷纪行》（Ltinéraire de Paris à Jérusalem）所描述的那般：它们形成了接连不断的拱

马尔加亚水利设施的平面图（制图：哈比卜·巴克鲁提 [Habib Baklouti]）

1- 马尔加亚蓄水池设施
2- 第二座蓄水池设施
3- 第三座蓄水池设施
4- 扎古安至迦太基引水渠的其中一段
5- 本地引水渠的一段
6- 小型管道
7- 分水装置
8- 菲尼克斯浴场
9- 连接水渠

第三章　罗马迦太基或非洲的罗马

顶，旁边建有走道，在他看来这真是一个伟大的工程。法国学者维克多·盖林（Victor Guérin）如此描述这一水利建筑：它们完全以砖石砌成，上面覆以数层密封灰泥涂层，由18个相邻的储水容器组成，每一个容器长30米，深5.5米，两侧建有长135米、宽2.5米的通道，环绕在储水容器和带有圆顶的圆形储水室四周；根据盖林的记述，它们专门用于接收由多个陶制管道和特意建成的斜坡从四周各处收集而来的雨水。

安东尼浴场

上述提到的所有水利设施的建造首先是为了向位于迦太基的大型浴场供水。直到今天，人们依旧沿用了安东尼浴场这一名称。尽管没有任何文献资料可为此佐证，但我们依旧可以推断，它因罗马皇帝安敦宁·毕尤（Antonin le Pieux，又译安东尼·庇护，138—161年在任）而得名。这与在沙格的情况类似，它的大型浴场被冠以"安托尼努斯"（Antoninianae）之名，源自另一位罗马皇帝卡拉卡拉（即马尔库斯·奥列里乌斯·安托尼努斯，211—217年在任）。根据一段应写于安敦宁统治末期（很可能是在157/159年）用于纪念引水渠和大型浴场落成的拉丁语铭文，这些水利设施由君王授权（ex permissu）而建，正是由于他所施予的恩泽，迦太基才成为一座伟大的城市（beneficiis eius au[cta]）。

在门廊和其他外部建筑竣工后，最终的落成典礼于162年举

安东尼浴场的底层建筑（© AMVPPC/INP，图片摄影：扎卡里亚·切比 [Zakaria Chebbi]）

行。浴场建筑工程中使用了各式材料：哈瓦里亚的软砂岩、哈曼－利夫的凯德尔大理石、杰贝勒－杰鲁德的硬石灰岩、西迪－布－赛德的砂岩、意大利的红色和灰色花岗岩、彭特利库斯山和普洛孔涅索斯岛的白色大理石、杰贝勒－奥斯特的雪花石膏、优卑亚岛的云母大理石、凯姆图（Simitthu，古时为斯姆图）的黄色大理石、西西里岛的浮石和火山岩。

安东尼浴场位于海边，占据了 4 个街区（insulae）的面积，是阿非利加行省最大的浴场（17 850 平方米，如果算上向公众开放、位于建筑下层部分的浴场，总体面积则已达到 19 711 平方米），远超过位于大莱波提斯的哈德良浴场，后者占地面积超过 6 000 平方米。安东尼浴场的面积已与罗马的尼禄浴场

（22 577 平方米）和卡拉卡拉浴场（25 000 平方米）相当接近，但与戴克里先浴场（35 900 平方米）相比仍存在不小的差距。由于离海较近，人们无法对位于浴场的底层建筑的功能区域进行任何扩建。今天，在建筑遗迹之上，我们依旧可以清晰地看到，底层建筑部分紧邻大海，而锅炉房运行所需的大量燃料正是通过此处运入浴场。

浴场之所以采用了长条形的平面布局是由它占用土地的狭窄面积所决定的，这就令建筑师不得不缩减广场的面积，甚至只能将一些通常建在建筑上层，以大理石铺设的浴室移至"底层"。整座浴场建筑群，加上它的附属建筑和花园，总共占据了约6个街区的面积，甚至还占用了相邻2个街区的用地，总建筑面积约为35 000 平方米。浴场建有4处大门：2处位于露天广场一侧，2处设在门廊处，令人们即便在恶劣天气条件下也可自由出入。与罗马的浴场类似，迦太基浴场的各式房间分为2套，依次呈对称状分布：热水浴室（caldarium）、温水浴室（tepidarium）、冷水浴室（frigidarium）和一个露天的大泳池（natatio）。浴室的设计均考虑到它可供全年使用这一特点，仅有个别会受到季节因素影响的空间如泳池除外。每位沐浴者可以按顺序依次使用6间呈对称分布的浴室。

大型浴场配备了所有必需的功能性场所，从更衣室到厕所。甚至也有可能已经出现了供个人使用的浴缸，或者是淋浴（提贝特《北非地中海的罗马浴场》）。这间大型浴场一直正常营业，

看见迦太基

```
PRO SALVTE IMP.CAES M AVRELI ANTONINI AVG PONT MAX TRIB POTEST XVI COS III ET IMP CAES LAVRELI VERI AVG TRIB POTEST II COS II
DIVI ANTONINI FILIORVM DIVI HADRIANI NEPOTVM DIVI TRAIANI PARTHICI PRONEPOTVM DIVI NERVAE ABNEPOTVM TOTIVS QVE DOMVS EORVM
COL CON IVL KARTHAGO                                              CVM STATVA DIVI AVG VSTI ET MARMORIBVS NVMIDICIO CNAVIT
    Q. VOCONIVS SAXA FIDVS V C PROCOS PROV AFRICAE DEDICAVIT LOCO A SPLENDIDISSIMO ORDINE DATO

DDD NNN VALENTINIANO THEODOSIO ET ARCADIO SEMPER AVGVSTIS                                        SPLENDOR ……… DECORAVIT
IVNIORIN VS O II IVSV PROCONSVLE PROVINCIAE AFRICAE CVM          VV CC LEGATIS SVIS DEDICAVIT CVM SPLENDIDISSIMO ORDINE COLONIAE ALMAE KARTHAGINIS
```

162 年的浴场献词

直到 4 世纪末，即 388—392 年，冷水浴室的大拱顶发生坍塌事故。但整栋建筑并没有因此被遗弃，其余部分仍在正常运作。5 世纪时，热水浴室拱顶的坍塌预示了它注定会被遗弃的命运。此时，人们将一个陶器制作作坊安置在它的底层部分。

最后一位汪达尔国王摧毁了引水渠，导致浴场失去了正常运作所需的水源。到了 6 世纪，浴场的规模大幅度缩小，几乎等同于私人浴场，而浴场的部分隔间被改造成为蓄水池。沐浴者依旧可以使用呈对称分布的不同浴室，但现在只能采取逆向的顺序到达仅剩的一间热水浴室。

我们无法得知安东尼浴场废弃的确切日期，但应该是从 7 世纪中叶开始，它的底层部分已被采石场工人占用。同一时期，诸如竞技场、圆形剧场等其他公共建筑，也逐渐沦为名副其实的采石场："建筑之上的圆柱被整体运走，用于在凯鲁万（Kairouan）、突尼斯城建造清真寺……大理石和花岗岩被装载上船，有时会被运送到远方，例如土耳其或意大利。据说，建造比萨大教堂的一部分石材就来自迦太基。"（雷津《迦太基的安东尼浴场》）

第三章 罗马迦太基或非洲的罗马

2 世纪末的城市广场

正如地理学家保萨尼亚斯的《希腊志》(*Périégèse*) 在颂扬罗马皇帝对希腊、爱奥尼亚、叙利亚和迦太基广施恩泽时提到，除了哈德良大帝施予的恩惠，迦太基还深受安敦宁·毕尤的荣宠。生活于安敦宁统治时期的弗朗顿（Fronton）曾以迦太基人的名义在罗马元老院发表致谢演说，目的也是歌颂皇恩浩荡，尤其是关乎引水渠的修建一事。为此，迦太基人还在安东尼浴场的铭文上也提及了此事，文中写到，幸得恩旨，才造就了迦太基的伟业（aucta）。

我们已知迦太基城的广场区在 2 世纪初已完全竣工，但根据卡比托利（Capitolin）一篇文章《安敦宁·毕尤的一生》(*Vita Antonii Pii*) 的记述，它毁于一场大火。由于这场火灾的破坏力惊人，我们可以以此推测，在此之前，木材已经被广泛应用于当时的建筑，尤其是在迦太基建城之初所建的古老建筑。古罗马历史学家维克多在他的著作《恺撒》(*De Caesaribus*) 中对此事的描述比卡比托利更为冗长，例如，他曾提到，在马尔库斯·奥列里乌斯统治时期，"大量城市得以修建、扩张、修复、美化，尤以被大火摧毁的迦太基为最"。

可以说，正是在饱受诸多磨难、也享受历代帝王的恩赏之后，迦太基才成为世人称颂的魅力之城，它的大型建筑与其穹顶均以砖石结构建造，而非木料和瓦片。162 年引水渠和大型浴场的落成，无疑也令这座城市的光芒更为闪耀。来自马达拉的阿普列尤斯于170年左右离世之前，曾在迦太基生活了相当长的时间，他为我们留下了描述这座城市最优美的文字之一：

看看这些迷人的建筑吧，建造得如此之好，装饰得如此之美，他们（迦太基人）为此耗尽家财；看看这些足以与城市规模媲美的宫殿吧，还有被装点得犹如神庙般的住宅，不计其数的奴隶已集结待命，还有尽显华丽的各式设施。人们蜂拥而至；一切都极尽奢华。

阿普列尤斯《论苏格拉底的神》

```
EX PERMISSV ET INDVLGENTIA OPTIMI MAXIMQVE PRINCIPIS IMP CAES
T  ELI HADRI   NI ANTONINI AVG PII BRITAN GERMANI CDACICI    NT
MAXIMI COS IIII TRIBVNICIAE POTEST TIS · XX P · P · PROCONSVLIS
ET M AELI AVRELI VERI CAES    ORVMQVE LIBERORVM EIVS
             AQVAM MAGNO SVI FV TVRAM  ERMIS
MENTIS ADIECTIS PER OMNEM CIRCVITV M MARMO IBVS OLONIA CON
CORDIA IVLIA KARTHAGO INDVXIT PRAEF DIVINIS BENEFICII EFVSA
CTA                                       V S VALERIVS
```

159年给予皇帝安敦宁的献词

第三章　罗马迦太基或非洲的罗马

2世纪末的迦太基广场街区模型

人民的娱乐生活

所有大城市，特别是像迦太基这样的罗马殖民地，公共日常生活的安排往往会遵循罗马详尽具体的节庆日历，可以说，罗马帝国治下的城市或多或少地都受到罗马城盛行的各种风尚的熏染。作为罗马城的"副本"和行省首府，这一现象在迦太基更是尤为明显。尽管私人娱乐活动（ludi privati）屡见不鲜，但具有竞技性的公共娱乐活动（ludi publici）显然更受瞩目。在诸多竞技活动中，罗马庆典赛会（ludi romani）也被视为超大规模的竞技赛事（ludi magni），它在9月4—19日的16日内举办，用以敬奉神祇朱庇特。在此期间举行了赛马、田径、拳击和戏剧表演，战车竞技是最受瞩目的赛事，而角斗表演并未被包括其中。

在罗马帝国统治时期，准确地说，从奥古斯都统治时期开始，人们对各式竞技盛典的推崇已达到顶点。根据当时的节庆日

207

历,一年中有 175 个竞技盛典日。节庆日的骤增是由于竞技赛事已逐渐融入诸如神祇诞辰、凯旋庆典、登基大典等场合的庆祝活动,而竞技赛事通常也被视为一种敬神仪式。当然,这一切是在皇帝的授意之下才有可能实现。皇帝借由这些赛事盛典的举办树立他勤政爱民的形象,同时,人民也借此机会表达他们的诉求。

竞技赛事通常由行政长官主持,但行省祭司,甚至在极少数情况下,行省总督也会出面主持场面最为恢宏、不惜重金举办的盛事,尤其是角斗士决斗和狩猎竞技会(venationes)这类活动。迦太基拥有各类大型建筑,可以满足举办不同赛事的各式需求。目前,我们还无法确定这批建筑的具体建造日期,已知的线索为 2 世纪,特土良曾在他的著作《论观赏表演》(*De spectaculis*)中提及当时的四种建筑:竞技场、剧院、圆形剧场和体育场。后来,奥古斯丁也曾提到了在圆形剧场所举办的狩猎表演(venatio),在剧院上演的哑剧表演,在竞技场举行的战车竞技,以及在圆形剧场举行的海战表演。根据文献资料的记载,即使在 439 年汪达尔君主盖塞里克(Genséric)率军兵临城下之际,人们对这些竞技赛事的狂热也丝毫未减。目前,仅有体育场的位置仍然未可知,但它必定是在圆形剧场和竞技场附近。

作为行省的都城,迦太基所拥有的纪念性建筑的规模堪称"世界之最",足以与罗马城相媲美。迦太基人对诸多竞技盛典的

第三章 罗马迦太基或非洲的罗马

痴迷程度也从侧面反映了当时与之相关的配套设施的建造发展水平：剧院和圆形剧场建造年代最久远，可以追溯至1世纪，可能在奥古斯都或提贝里乌斯统治时期（公元前37—前27年）。竞技场的建造时间稍晚，因此也存在这样一种可能性，即在它竣工之前这里已存在一个类似的建筑。迦太基拥有一个独一无二的庆典传统，即新任行省祭司上任时为它举行的庆典活动。此外，还有敬献阿波罗神的皮提亚（Pythia）仪式和不同赛事，以及献予阿斯克勒庇俄斯（Asklepia）的祭典。可以说，上述活动直接促成在塞普蒂米乌斯·塞维鲁时期迦太基剧场的修建。

圆形剧场

关于迦太基圆形剧场的描述最早出现于阿拉伯地理学家和编年史家的著作之中，尤以巴克利和伊德里西（El-Idrissi）为最。后者曾在11世纪到访该遗址，留下了相当详尽的描述：

> 由拥有约50个拱门的拱廊构成……每个拱门的拱券下部都饰有各式浮雕，刻画了各式造型奇特的人物、动物及船舰，每一幅无不充满无限的艺术巧思和精湛的工艺技艺。

此圆形剧场建于1世纪初，很有可能是与剧院同时建造，可容纳约27 000名观众。在因2世纪发生的火灾而对它进行的修

迦太基圆形剧场（© AMVPPC/INP，图片摄影：穆罕默德·阿里·本·哈辛）

复扩建工程中，剧场可容纳的观众数量被增至逾4万人。与罗马的斗兽场一样，这里似乎也出现过海战表演的精彩场面，它所需用水是由附近的马尔加亚蓄水池引汲而来。这座专用于举办角斗士对决和狩猎竞技会的圆形剧场因曾在203年3月7日对基督教徒施以兽刑而人尽皆知。

第三章　罗马迦太基或非洲的罗马

竞技场

在波兰和美国考古团队所开展的挖掘工作中，他们借助地球物理学的技术绘制出了竞技场的平面布局图，并将它的建造时间确定为1世纪末—2世纪初。这座建筑长426米，宽80～81米，根据目前所知的资料推测，它应是继罗马的马克西穆斯竞技场和安提阿竞技场之后排名第3的竞技场，可容纳6万～7万名观众，而当时罗马的竞技场已能容纳约10万名观众。在那里曾举行过战车竞赛。参与竞赛的不同御车队伍按颜色分为：蓝队、绿队、白队和红队。4辆战车中最先完成7次绕过设立于赛场两端的3座锥形界标的车队为获胜方。

剧院

迦太基剧院可能建于1世纪初，并在2世纪得以扩建，可以说这是一种混合型建筑：底层的阶梯座位直接建在岩石之中，而上层的阶梯座位则由建有剧院出口的下部结构支撑。这一混合结构将建在岩体中的部分与人工修建的部分相结合，可以由此推断此剧院应该是由一个更为古老、规模更小的剧院扩建而成。

阿普列尤斯于160年或170年前后在迦太基剧院发表的演讲中，曾描述了该建筑和其中所进行的演出活动：

> 当我见到你们聚集在此处,人群如此之密集……我必须向迦太基予以祝贺……唯有此种规模的城市才能带来如此汹涌的人潮,而如此庞大的人群也意味着除了此处我们别无选择。而且,身处于这般宏伟的礼堂,不必提及其大理石地面、镜框式的舞台(proscenium)、舞台上的柱廊,也不必提及其高大的屋顶、色彩鲜艳的藻井式穹顶、半圆形的入口;也并非因为在那些有演出的日子,人们在此处观看的哑剧滑稽表演、演员的独白、悲剧演员的朗诵、冒着生命危险在绳索上起舞、魔术师的戏法、丑角的肢体表演,总之,所有类型的演员都汇聚于此,各显其能。
>
> ——阿普列尤斯《英华集》

特土良《护教辞》曾特别提及迦太基人所偏爱的演出内容,其中包括了法厄同之死、库柏勒(Cybèle)对阿提斯(Attis)的爱恋、帕里斯的裁决和朱庇特的恋人等主题。但实际上最受欢迎的表演通常是滑稽短剧(源自意大利的小镇阿泰拉)和哑剧,其特点是内容往往粗俗不堪。根据不同剧目的内容,演员们会佩戴代表喜剧或悲剧角色的面具,他们扮演的经典人物包括:马库斯(Maccus,丑角,傻瓜)、布科(Bucco,贪吃者)、帕普斯(Pappus,老守财奴)、多桑努斯(Dossennus,狡黠的驼背人)和怪物,例如曼杜库斯(Manducus,食人魔)和拉米亚(Lamia,食人婆)。哑剧这种表演形式的存在令人们对戏剧演出的狂热一直延续到圣奥古斯丁时期,当时,圣奥古斯丁

第三章 罗马迦太基或非洲的罗马

在演讲结束时会对信徒说道:"我希望明日能再见到你们。看来又会有戏剧在剧院上演,但是,无论如何,让我们在真福者居普良的墓前相聚。"(《论圣经》)

剧场

毗邻剧院,迦太基的剧场坐落于剧院北侧的豪华别墅区的中心。该建筑于塞普蒂米乌斯·塞维鲁统治时期为庆祝207年所举行的皮提亚竞技会所建,后被汪达尔人摧毁。巨大的半圆形室内建筑部分直径达50米,舞台正面宽达100米,上面呈规则分布着后殿和雕像,堪称罗马帝国最宏伟的剧场建筑之一。

观众们不仅被表演本身或哑剧这种表演形式所吸引,也开始追捧运动员、动物尤其是马匹等参与演出的成员,经常赠予他们各种食物和礼物,其中最常见的为代币,有点类似像今天的彩票,用它可以赢得金银币,甚至是住宅房屋。显然,这种由娱乐活动引发的疯狂行径招致了不少指责,其中就包括了生活于2世纪初的讽刺诗人尤维纳利斯(Juvénal),他正是著名的口号"Panem et circenses"即"面包和马戏"的作者,借由这句话表达了对当时罗马人醉生梦死的生活方式的蔑视。历经了战果辉煌的共和国时期,罗马人民心之所系的仅剩下免费分发的小麦,各式娱乐活动和演出,以及随后举行的宴会。

Le cirque de Carthage (visualisation J.-Cl. Golvin).

迦太基的竞技场（制图：J.-Cl. 戈尔万）

LE CIRQUE DE CARTHAGE
Avant 425.

第三章　罗马迦太基或非洲的罗马

人民的教育生活

我们完全可以用"文学之都"来定义迦太基,她吸引着人们不远千里而来,只为增长学识。阿普列尤斯(《英华集》)和圣奥古斯丁(《忏悔录》)都是分阶段修习了以下课程:首先跟普通教师学习阅读、写作和计算,其次与文学教师学习人文理论、翻译文章,进行记忆训练,最后则是修辞学课程。以奥古斯丁为例,他先在塔加斯特上了第一阶段的课程,随后前往马达拉学习文学课程,之后,年仅16岁的他便来到迦太基研习修辞学,其间,他大量阅读其他作家的作品和哲学著作,最终顺利完成课业。当时各地都建有学校,尤以西尔塔、哈德鲁梅图斯和大莱波提斯为最,但迦太基仍然以其强大的师资力量成为各地学子最向往的地方。据作家萨尔维努斯《论上帝的统治》的记述:"在博雅教育学校、哲学家所创建的学院和各类体育学校,人们可以学习语言和获得与美德相关的知识。"学校教育的发展也促进了拉丁语在非洲的传播。在这些受过良好教育的人们之中,来自迦太基或选择在此定居的那些人尤为出色,如阿普列尤斯、特土良、居普良、诗人尼米西亚(Némésien)和奥古斯丁。他们出身背景不同:既有富人;也有需要庇护人的资助才能完成学业的穷人,如奥古斯丁,他的赞助人是罗曼尼亚努斯(Romanianus)(《忏悔录》)。

迦太基剧院和剧场所在的街区

迦太基拥有多种通用语言：行政机构使用的官方语言，拉丁语，全国通用的布匿语、希腊语，以及较少人使用的希伯来语，后者仅在加马特的墓地和达穆斯·卡里塔（Damous el-Karrita）等地出现过，最后则是汪达尔人使用的哥特语。在已知的文献资料中，在阿普列尤斯之前，甚至与他同时代，都没有发现其他作家的身影。直到一个世纪之后，诗人尼米西亚在一次文学竞赛中成功地击败了未来的皇帝努梅里安（Numérien）。与异教徒作家相比，基督教教徒中的知识分子数量更多，其中不乏智者。但是，他们的文学传统颇具功利性，总是以特定目的写作和传播，其中的佼佼者要属特土良、居普良和奥古斯丁。例如，《殉道者行传》类型的作品自180年起得以广泛流传。多纳图斯派文学始于主教多纳图斯·马格努斯（Donatus le Grand），但除了《阿比蒂纳殉道者行传》（*Actes des Martyrs d'Abitina*）和马库鲁斯（Marculus）主教的《受难记》（*Passion*）之外，其余鲜有流传于世。事实上，在4世纪中叶，出现了一整套观点与多纳图斯派针锋相对的著作，主要推动者为米莱乌斯的奥托塔斯（Optat de Milève）。

作为行省首府，迦太基的教育培训课程自然与其他各地有所差异。由于它所承担的多种行政职能，存在大量亟须记录和整理的文书和账目，这就需要为从事此项工作的人员提供适当的培训课程，内容包括简单的语言学习、数字处理、修辞学和法律，以及一切可以协助各项行政工作顺利完成的技能学习。正是迦太基所担负的繁重行政职能和它所拥有的繁盛商业活动推动了教育领域的蓬勃发展。

第三章　罗马迦太基或非洲的罗马

艰难岁月（193—439）

192年康茂德的被刺身亡引发了一场持续了近4年的危机。随后，塞普蒂米乌斯·塞维鲁在里昂击败了克洛狄乌斯·阿尔比努斯（Clodius Albinus）后，登基称帝。塞维鲁来自大莱波提斯，是第一个登上王位的阿非利加人。他于198年正式将努米底亚从阿非利加行省领地剥离，并委托一位由他任命、拥有"荣耀者"头衔的行省总督对它进行管理。在行政管理方面，塞普蒂米乌斯·塞维鲁的功绩是显而易见的，但几乎只限于突尼斯北部地区。在这一区域，他实现了两次突破，一是大规模地将"无国籍者社区"即村庄提升为可拥有地方宪法权力的城市，通常由"苏菲特"担任它的第一任行政长官；二是开始拆分迦太基所拥有的大片乡村领土。这两项举措紧密相关，但在实施过程中，仍然会考虑到这些地区在奥古斯都治下初建时被赋予的不同行政地位。

迦太基领土的分崩离析

让我们先简单回顾一下迦太基领土内的"无国籍者社区"初建时的状况和条件。当新定居者的人数不断增加，而划分给他们的土地却严重不足，人们只能依靠个别的领地赐予。比如，在瑟伯尔·马约斯（今为位于突尼斯的亨奇尔·卡斯巴特遗址）和瑟格尼卡（今为艾因·通加遗址）的情况便是如此。尽管新定居者已成为迦太基的公民，但仍然对自己曾经的居住地存在一定的依赖性。在其他地方，如离比尔·马歇尔加（Bir Mcherga）不远的苏图努尔卡（Sutunurca，今为艾因·阿斯卡），分布着大量的异邦人社区，最初到达的定居者便决定在距它较远的恩法伊德（N'faiedh），即位于它西北方向约5 000米处，建立了自己的领地，一个"帕古斯区"，被称为"福图纳利斯帕古斯区"（pagus Fortunalis）。

原先的努米底亚社区为军事统帅马略在战胜了朱古尔之后为安置新定居者而建，如蒂巴利斯，此时已成为村庄，一个由罗马和迦太基公民构成的帕古斯区，而那些没有公民身份的居民依旧维持"无国籍者"身份。此外，这一阶段还发生了另一个已为历史学家所熟知的变化，即在沙格，罗马定居者、异邦人、迦太基人和来自其他城邦的公民，共同构成了一个具有双重行政管辖权的社区，即在同一片领地内既有一个帕古斯区，又存在一个异邦人城区。

塞普蒂米乌斯·塞维鲁决定结束这一局面，让这些社区成为拥有自治权的自由城邦，并授予其居民以公民身份。但迦太基并不满足于它当时所拥有的自治程度。我们已对沙格和与它同类型的其他社区的状况略有所知，居民的领地可被划分为4类：迦太基人的公共土地、迦太基人的私人土地、异邦人的公共土地和异邦人的私人土地。为了促成沙格两类社区的合并，塞普蒂米乌斯·塞维鲁将上述所提及的土地均划入新建的自治市领地，并令原迦太基公民彻底成为异邦人"图根斯"城邦的

第三章 罗马迦太基或非洲的罗马

公民。借由这一政治举措,塞普蒂米乌斯·塞维鲁不仅令迦太基失去了它在偏远领地的收入,而且还要求迦太基最富有的公民在进入元老院担任公职时支付与其职位等级相对应的名誉缴款。对于后者来说,他们自然是心甘情愿地上缴这笔款项,毕竟,迦太基元老院的成员身份无疑是他们进入罗马帝国骑士阶层甚至元老阶层的唯一敲门砖。这样一来,在他们的家乡,在这座新建的城邦,他们也可担任各种等级的公职,而且成本也更低。然而,由于塞普蒂米乌斯·塞维鲁也给予其他各地同样的特权,可以想象,自此,迦太基元老院的成员席位和候选人资格将变得极为抢手。

238 年的起义和卡佩里安的镇压

238 年,面对哈德鲁梅图斯行政区(regio Hadrumetina)总督对提斯德鲁斯"青年人"所课征的新税,后者揭竿而起,发动了起义,从而引发了 3 世纪最严重的危机。继它领地内佃农(coloni)对起义的纷纷响应和随后行政区总督的丧命,提斯德鲁斯人拥立阿非利加前总督戈尔迪安一世称帝。可以说,以自 232 年起为解决罗马帝国的防务预算而实施的税收制度为导火索,最终在提斯德鲁斯爆发了反抗皇权的第一战。为此,帝国统治者也付出了惨痛的代价。提斯德鲁斯人的抗争之举得到了元老院和罗马人民的支持,他们指责皇帝马克西米安(235—238 年在任)削减了食品派发,减少了娱乐活动。皇帝立即命令努米底亚总督卡佩里安对起义进行镇压。后者首先攻占了迦

位于沙格的亚历山大·塞维鲁皇帝拱门（© AMVPPC/INP）
这座纪念性建筑通常被称为"基督徒之门"（Bab Er-Roumia），它为一个宽约 4 米的拱门，置于饰有矩形壁龛的侧柱之上。它为被视为沙格的自由守护者（conservator libertatis）的亚历山大·塞维鲁皇帝而建。

太基，它的居民遭受残酷屠杀，赫罗狄安记述道："在整座城市，只听到妇女和儿童的悲鸣，人们所珍视的一切就在眼前化为乌有了。"戈尔迪安世二世在迦太基附近的抵抗以失败告终，在他阵亡之后，他的父亲在掌权仅 3 周后便结束了自己的生命，统治帝国的重任落到了当时年仅 13 岁的戈尔迪安三世（238—244 年在任）肩上。

继迦太基之后，提斯德鲁斯城及其贵族阶层首先遭受了这场磨难。这一切可能与两位殒命的士兵脱不了干系，一位来自凯

第三章 罗马迦太基或非洲的罗马

姆图（古时为 Simitthu）的在战争中阵亡，另一位来自提奇拉（Tichilla，今为位于突尼斯西北部的城市泰斯图尔）的"战死于与努米底亚人的战争中"。

马克森提乌斯对迦太基的洗劫

戴克里先在 285—293 年设立了四帝共治制度，以应对欧洲、叙利亚和特贝德的巨大安全隐患。阿非利加行省在 288—296 年总共经历了 3 次危机。因此，有别于以往的惯例，总督可以继续连任，正如 290—294 年的提图斯·克劳迪乌斯·奥勒留·阿里斯托布鲁斯（Titus Claudius Aurelius Aristobulus）的经历，在此期间他需对行省内的各城邦进行治理。为了方便各行省总督开展工作，戴克里先于 301—303 年对阿非利加行省的行政管理区划进行改革，将它分为 4 个省：努米底亚，以西尔塔（君士坦丁堡）为首府；拜扎凯纳，以哈德鲁梅图斯（苏塞）为首府；的黎波里塔尼亚，以大莱波提斯为首府；还有原先的行省，亦称泽吉塔纳，以迦太基为首府。

305 年，两位"奥古斯都"（此处指四帝共治制中的"正帝"）戴克里先和马克西米安的退位，引发一场帝位的继承危机。大部分矛盾冲突集中在马克森提乌斯和阿非利加主教多米提乌斯·亚历山大（Domitius Alexandre）二者之间。马克森提乌斯方一旦取胜，其将领们就开始在占领地烧杀抢掠，据维克多的记述，当时阿非利加诸多城邦的居民对此惶恐不安，尤以

看见迦太基

马克西米安（235—238年在任）的半身像。此雕塑造于塞维鲁王朝时期，以这位行伍出身的皇帝为原型。为了应对自232年起来自边境的军事威胁，马克西米安在帝国范围内增加了征税的项目。在阿非利加行省，他向油橄榄树种植者所课征的税收引发了提斯德鲁斯起义，最终导致了政权的垮台。罗马元老院宣称马克西米安与其子均为罗马人民的敌人，几周之后，在同年的4月中旬，马克西米安被杀身亡。

迦太基为最。而他们之中，最先受到威胁的必定是高官及富人。继承戴克里先帝位的君士坦丁大帝（307—337年在任）在管理他治下各城邦时更为严苛，将大部分市政收入、神庙财产和地方税收（vectigalia publica）占为己有。后来，即便是瓦伦提尼安一世于374年将税费降低了三分之一，也并没能减轻纳税人的负担。为了支付源源不断的新税费，有人甚至被迫卖掉自己的孩子（佐西姆斯《新历史》）。

日渐式微的迦太基元老院

迦太基元老院日趋衰落的根源来自多方面。第一个原因是乡村领地的瓦解，以前最出色的长官和元老院成员往往来自此一类领地。238年的危机实际上只是加剧了这一状况的发生。当卡

第三章 罗马迦太基或非洲的罗马

佩里安出兵镇压各地的叛乱者时，正如他对提斯德鲁斯起义所采取的行动，会在当地掠夺财产，甚至屠杀达官显贵。例如索勒提家族（Les Sollertii）所遭遇的劫难。这个富裕的船商家族所拥有的豪宅仅存在一个世纪便遭摧毁和遗弃，这很可能是发生于238年镇压叛乱时对名门望族施加的迫害所致。马克森提乌斯在310年所采取的行动方针也是如此。此外，值得一提的是，君士坦丁大帝采取了一系列举措以增加罗马元老院成员数量，其中规定，元老院中的大部分成员必须从各行省的首府都城进行招募。君士坦丁二世于339年1月8日写给阿非利加总督塞尔西努斯（Celsinus）的一封复函的内容证实了这一事实，反映了迦太基本地权贵已不满足于他们所担任的职务："你抱怨辉煌的迦太基元老院已变得冷冷清清，鲜有元老在此出现，而他们却可耻地挥霍其财产来购买其不应享有的尊严。"（《狄奥多西法典》）

罗马共和国时期的政务官制度令这一情况变得更为复杂，它的职能范围类似于负责监察财务支出费用的审计长，已成为年度任命的市政长官的职位之一。同时，行省总督对各城邦财政的严密监管也令城中的权贵逐渐放弃了他们在城中的行政职务，其中一些人甚至离开城市，大部分时间都居住在自己位于乡村领地的宅院。圣奥古斯丁在迦太基居住期间也曾注意到，当地的贵族们更喜欢居住在他们的乡间别墅，而非城市。在贵族领主朱利叶斯（Julius）的马赛克装饰画中，我们能看到它所呈现的不啻于一座具有防御功能的堡垒，拥有坚固结实的围墙，

看见迦太基

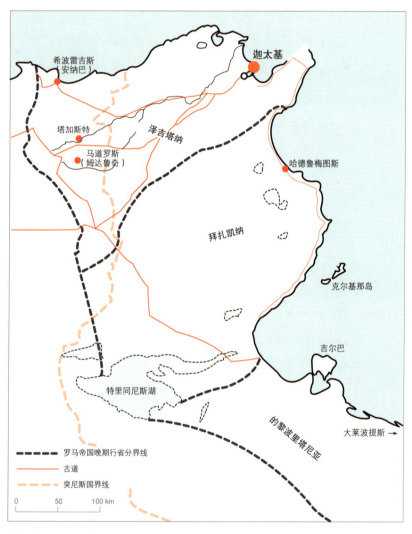

戴克里先所划分的非洲各省（制图：路易斯·莫林）

第三章　罗马迦太基或非洲的罗马

贵族领主朱利叶斯的别墅，迦太基，4世纪，巴尔杜国家博物馆（© AMVPPC/INP）
这幅《领主朱利叶斯的马赛克装饰画》由3组画面构成，展示了富贵人家的日常生活场景。此画的名称源于底层画面所显示的场景：一名信使手持一封写给主人的信件，上写有"IV DOM"的字样，应为"IV (lio) Dom(ino)"的缩略语，其义为"致领主朱利叶斯"。领主所居住的宅邸居于画面的中心位置。以石块砌成的围墙中间建有一座拱形大门，可通往内院，尽头处为主楼，周围为带有角楼（应为4个）的门廊。在背景中出现的带有4个拱顶的建筑可能是这家所建的私人浴室。在别墅的左侧，我们可以看到领主在其侍从的陪同下骑马抵达；别墅的右侧，则展示了人们出发打猎的情景。另外2组画面显示了在四季变化之中的生活图景。最下层画面的右侧为秋景：除了收到信件之外，领主还收获了2只水禽、1篮葡萄和另一个从后面赶来的仆人奉上的野兔。另一侧则是以维纳斯形象示人的领主夫人站在玫瑰花丛旁——这通常为维纳斯的标志，也是春天的象征。这位领主夫人将肘部靠在置于圆柱顶部的水池之上，凝望倒影中的自己。一位手持珠宝盒的女仆正将1串项链递向她。她收到了作为礼物的1筐鱼，其象征着丰收，也带有防疫的寓意，除此之外，还摆有1篮花。在夏景（顶部）之中，领主夫人挥动着扇子，坐于柏树园中间的长椅之上；在她身旁摆有果盘。一位女仆为她带来了鲜花，另一位则抱着1只小羊，一名猎人为她奉上两只鸭子。在冬景画面中，仅有1棵由两名农民看管的橄榄树，这表明主人家此时已返回城市。

227

它的主人在春、夏、秋三个季节都居于此处。

公益捐助的危机

从提斯德鲁斯人起义到汪达尔人入侵之间的两个世纪，即238—439年，情况会发生怎样的变化？如果我们仔细审视阿非利加行省的状况，便会明显发现，与2世纪末期的盛景相比，虽说不至于以悲惨二字来定义3世纪的境况，但也与繁荣毫不相干。在经历了诸多磨难之后，人们的危机意识与日俱增。这主要源自城市本身空间的饱和，特别是在如沙格这般的小城镇，对从事某些行业的人产生了不小的影响，比如泥瓦匠和雕塑家，他们只能被迫转行或离开小城镇到大城市寻找机会。与此同时，建筑师、教师和医生等公职人员也会因为薪水低廉而被迫出走。

然而，当大部分城市在罗马帝国晚期陷入危机之时，大城市的状况则截然不同，它们不仅利用自己在行政、地理位置上的优势暂时摆脱了面前的危机，甚至还能从中受益。事实上，富人、知识分子、艺术家……总之，商贾和雅士应该大多聚集在生活条件更为舒适的大都市，例如哈德鲁梅图斯、乌提卡……当然也少不了迦太基，此时，它仍是世界上最恢宏的城市之一。来自波尔多的诗人奥索尼乌斯已在他著于390年的《名城榜》中证实了迦太基城在4世纪末的繁华盛景。

第三章　罗马迦太基或非洲的罗马

危机之中的持续繁荣

作为首府，迦太基的总督和作为异教徒的贵族阶层所拥有的权势仍不可小觑。这座城市依然以它恢宏的建筑和丰富多彩的文化生活令人们慕名而来。年轻人也自然无法抗拒此处种种充满诱惑的娱乐活动，正如圣奥古斯丁《忏悔录》中在作者抵达该城时所写下的那段著名的文字所表达的那般："我来到迦太基，在我的四周弥漫着的，是一锅（sartago）正在沸腾的罪恶之爱所发出的喧嚣之音。"

我们对于迦太基从3世纪末至5世纪初城市规划的发展知之甚少。整座城市的状况应该与安敦宁时期和塞维鲁时期差异不大。考古学和铭文学研究主要帮助我们对城市内进行的诸多修复工程有所了解，例如，390年左右，在总督的提议之下对安东尼浴场进行了修复；331—333年，在竞技场、库柏勒和阿提斯神庙，修复了位于比尔萨山岗东北角的门廊。事实上，君士坦丁大帝在修复马克森提乌斯的军队于310年对城市所造成的破坏一事上成为表率。他在位期间主持了大量修复工程。通过我们对所发现的一篇铭文的数块碎片的修复，可以看到人们已将他称为新任的"建城者"，"是他修复并扩建了所有公共建筑"。

从4世纪中叶开始，在迦太基，教堂、住宅区、旅馆等建筑和手工业都得到了不同程度的发展。新的城市规划模式的出现反映了行省内部所存在的日益紧张局势和基督教正统化所造成的

看见迦太基

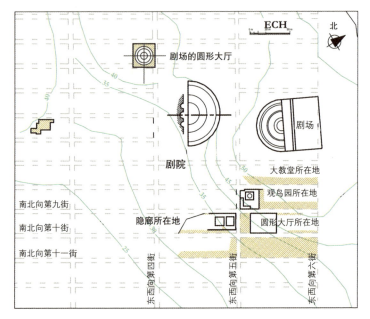

罗马别墅区平面图（制图：怀德·拉法欧伊）

影响。城市建筑的改建，尤其是对于神庙建筑的改造更是刻不容缓。为了容纳大批涌入的人群，城中其他建筑也需要进行加建以增加其高度，甚至不惜缩减空地和街道。这样一来，当迦太基的城郊规划发生较大改变时，城市中心区域依旧可供居民居住和生活，根据比尔萨山的考古发掘结果，我们可将其视为对这一波声势浩大的城建改造工程所进行的抵制。

私人住宅

考古发掘工作中发现的仅有属于富人和中产阶级的住宅建筑。

第三章 罗马迦太基或非洲的罗马

而占城邦大部分人口的穷人多居住于农村,他们在那里可以更轻易地找到工作、住处和食物;而当他们在城中生活时,只能居住在以易朽的材料建成的临时住所、帐篷或屋棚内,这无疑为考古发掘工作带来了难题。

从3世纪开始,私人住宅建筑得以快速发展,这并非因为迦太基权贵阶层变得更为富有,而是自3世纪起所经历的危机令他们抛弃了在元老院的席位和作为市政长官的职务。自那时起,一种新的生活方式开始备受推崇。贵族们喜欢以不同的方式进行消费和赞助。由正式的协会或机构主办的竞技场和圆形剧场的表演活动成为迦太基、哈德鲁梅图斯和提斯图鲁斯等大都市的骄傲。这一变化对房屋的建造也产生了相应的影响,比如,部分建筑因为成为这些组织机构的总部而经历了不同的改造。在被称为罗马别墅的贵族居住区,我们可以看到此类将公共和私人用途结合的经典建筑范本。该区建于罗马殖民地初期,为曾经的布匿人墓园所在地,它在4世纪和5世纪经历了重大的改建。我们在此处发现了3座建筑的遗迹,即隐廊、圆形大厅和观鸟园,它们都经历了不同程度的扩建,增添了新的建筑装饰。

人们已经对该街区中的圆形大厅建筑进行了较为深入的研究。在1991—2000年,突尼斯和法国组成的联合考古队对它开展了全面细致的挖掘工作。以此为例,我们可以确定房屋建筑的变化可分为4个阶段或状态。第一阶段可追溯至1世纪的罗马殖民地时期,可以"混乱"二字为它定义。在它的南侧,考古

圆形大厅全景（©AMVPPC/INP）

学家发现了与生产鱼酱（garum）有关的工坊建筑[1]，这类建筑出现在房屋已经过于密集的城区之中难免会令人感到费解。我们可以从遗址建筑本身清晰地看到第二阶段的变化发展，它展现了自2世纪中叶到5世纪初建造所经历的种种变化。拱形大厅和圆形大厅的建造令房屋建筑开始向西侧延伸。在这一阶段，还出现了大量的马赛克地砖、灰墙之上的彩绘壁画和4个用于收集雨水的蓄水池。第三阶段的修建并未完成，建筑开始向北面扩展，它几乎已等同于街区的宽度，甚至还占用了街道

---

[1] 这种名为"鱼酱"的著名酱汁是与亚洲的鱼露齐名的奢侈品，应是因其具有催情的效果而深受罗马人青睐。它可用来为肉类、蔬菜甚至水果进行调味！根据老普林尼的记述，此物成为继香水之后最昂贵的液体，由鱼肠和鱼的其他部分制成，先将其在海盐盐水中浸泡，然后再置于阳光下晒制数周而成。

第三章 罗马迦太基或非洲的罗马

的空间。可以说,这一阶段的建筑装饰风格,极尽奢华之能事,但这一切发生在 5 世纪初。汪达尔人占领迦太基前夕,屋主不得不放弃了正在进行的建造工程。在随后发生的事件中,房屋被占用。可能是在 7 世纪它的规模缩小,几十年后,最迟不过在 8 世纪初,被彻底遗弃。

别墅区的平面规划图

看见迦太基

皈依基督教的迦太基

自 2 世纪末起,基督教开始在非洲大陆传播,非洲成为适合一神教传播发展的沃壤。在这片土地之上,基督教最初以希伯来语和更常见的希腊语双语传播,随后便迅速进入到拉丁化进程,甚至可以说基督教的拉丁化似乎也始于非洲大陆,准确地说是在迦太基。很可能是特土良将《圣经》中的某些篇章翻译成了拉丁语。自 180 年起,基督教在此地的迅速发展也可归功于特土良。从 197 年开始,借由著作《护教辞》问世,他开创了基督教的护教传统,以反对传统宗教对基督徒的迫害。

教会的组建

罗马教会将非洲教会视为它的子教会,而迦太基则被认为是基督教传统在整个北非地区的宗教中心和重要的传教阵地。见证了这一发展过程的特土良曾详细地描述在迦太基的各个基督教团体,他建立的档案中包含了信徒、寡妇、处女的名单,以及教义著作、礼仪典籍和与节日和殉教日有关的各种文书等。特土良的著作(半个世纪后由居普良补写完成)表明,至少就迦太基教会而言,它的内部存在一定的等级制度:人民(populus),即信徒;神职人员的等级组织成员,即主教、教士参事会、执事,负责祭礼相关事宜和与信徒交流的人;最后为朗读教士,负责保管宗教典籍。

第三章 罗马迦太基或非洲的罗马

特土良

150 年或 160 年出生于迦太基或附近,全名是昆图斯·塞普蒂米乌斯·弗洛伦斯·特土良(Quintus Septimius Florens Tertullianus),出生时为异教徒,后皈依基督教,成为迦太基的第一位神学家。他因宣称人不是生来即为基督徒,而是成为基督徒(《护教辞》),而成为非洲基督教的代言者。我们并不确定他是否也担任神父一职,仅知道他在 207 年与传统教会决裂,加入了孟他努教派。特土良因开创了拉丁语基督教传统和拉丁语神学而闻名。其大部分作品写于 196/197—222 年,可分为 3 种类型:谴责对基督徒施以诽谤的护教著作;关于基督教教义和道德的文章,尤其是涉及再婚的内容;以及抨击犹太教、诺斯底教派和马吉安教派的教义著作。

看见迦太基

艰难的开端

关于非洲基督徒的最早记载出现于180年,在《施隆人殉道录》(*Acta martyrum scillitanorum*) 中提到了来自施隆的殉道者,准确地说,是法官和作为被告的施隆人之间的对话记录。人们一致认为施隆(Schillium)正位于今天西隆(Cillium)遗址的所在地,也是如今突尼斯中西部城市卡塞林(Kasserine)。他们因拒绝向皇帝的守护神(numen)献祭而被带到迦太基受审。审判于180年7月17日在迦太基举行,由总督亲自主持,审判结束后,12名基督徒被带到了刑场。

在基督教发展初期,可谓是障碍重重,因为它的信徒拒绝担任行政官职;拒绝参加与这些行政职责相关的各种仪式,如宴会、演出、宗教节日;以及拒绝进行公益捐助。但基督徒最饱受诟病的行为莫过于他们拒绝服兵役,尤其还是在帝国受到军事威胁之时。为此,罗马皇帝塞普蒂米乌斯·塞维鲁于202年颁布了一项在帝国所有领地施行的法令,禁止民众皈依犹太教和基督教,否则将受到严厉惩罚,这意味不再允许进行任何面向异教徒的传教活动。这也从侧面反映了在塞普蒂米乌斯·塞维鲁时期,皈依基督教的信徒数量已经达到了令人担忧的程度,尤其是在生活于小城镇和农村的穷苦人,以及受过良好教育的异教徒之中。

根据基督教传统,通过两种仪式可以获得罪孽的赦免:洗礼和

第三章 罗马迦太基或非洲的罗马

以基督的名义殉道。我们之前已经提及的几位著名殉道者佩尔佩图亚、费利西蒂和他们的同伴，于 203 年 3 月 7 日在迦太基的圆形剧场以身殉教，与此同时，其他基督徒在此处被施以兽刑。作为特土良名副其实的继承者，居普良于 200 年左右同样出生于迦太基，因为坚决不受制于罗马教会，而被视为最受尊敬的主教之一，这一点单从他与教皇斯蒂芬努斯之间发生的著名辩论便可见一斑；然而，他在主教任期之内受到了两次迫害，第一次是德西乌斯时期（249—252 年在任），第二次是在瓦勒良时期（257—258 年在任），这一次，他被判刑且最终被公开处决。执事庞提乌斯（Pontius）在他的著作《居普良的一生》（*Vita Cypriani*）中曾提到，他认为居普良是完美的殉道者典范，无论其生前还是身后都比先前的殉道者佩尔佩图亚和费利西蒂更为出色。

4 世纪的殉道者

基督教历史上最重要的事件发生于戴克里先统治时期，他下令对在军队和行政机构工作的基督徒进行大迫害和大清洗。他于 303 年 2 月 24 日发布了第一份诏书，其中指出：

> 这种宗教的追随者将被排除在所有官职和所有荣誉之外，并有可能遭受酷刑，无论他们的地位和等级如何，针对他们的任何行动都将是被准许，然而他们无权就受损害、通奸或盗窃提出诉讼。总之，他们被剥夺了公民的权利，甚

237

至是他们的言论自由。

——拉克坦提乌斯《论迫害者之死》

从某种程度上看，拒绝参加罗马公共祭祀活动的基督徒的法律权利被彻底剥夺了。另外还颁布了两项针对神父和执事的法令，直接导致了更多人的倒戈，殉教之举也出现得越发频繁。其中最著名的一次发生于303年5月，圣加洛尼乌斯（Saint Gallonius）及其教友因拒绝交出圣经而在乌提纳被活活烧死。离特波尔巴不远的提比乌卡的费利克斯主教（Telix de Thibiuca）也因拒绝交出《圣经》而在303年7月15日被斩首。304年2月，迦太基的监狱曾被用来关押在阿比蒂纳（Abitina，今为乔胡德·巴特尔，靠近突尼斯西北部城市梅杰巴）被捕的基督徒，大约50人，包括18名妇女，他们最终死于饥饿和伤病。

宗教迫害的终结

313年2月，君士坦丁大帝和李锡尼（Licinius）给予了基督徒充分的信仰自由。这一变化所带来的影响在非洲基督教中心迦太基尤为明显。这一变革导致了罗马的基督教化和基督教的罗马化过程的发生，最终令基督徒获得了更大的权力。然而，正是这些权力被他们用来对付基督教的异端或分立派教徒，对付剩余的异教徒，甚至对付那些在早期迫害中幸存的教会。

第三章 罗马迦太基或非洲的罗马

尽管遭受迫害，非洲的主教教区数量仍在稳步增加，早在311年，皇帝伽列里乌斯（Galerius）就承认了基督教的存在，并废除了戴克里先所下达的禁令，终结了对基督徒的迫害。君士坦丁大帝改变了他的宗教信仰，并决定对非洲基督徒在303—305年所遭受的迫害和冤屈给予补偿。313年，非洲的神职人员就被免除了他们应尽的市政义务；318年，君士坦丁大帝设立了一个主教议庭，允许基督教诉讼人出面解决基督徒之间的争端，但随后这一司法权力逐渐受到制约。自此，基督教团体可以光明正大地举办各种活动。首先，用以祭拜殉道者的场所数量不断增加，它们通常位于城市周边的墓园；其次，便是建造经官方认可的教堂。在4世纪初，迦太基已经拥有两座大教堂，即用以供奉第一批殉道者的马约鲁姆大教堂（Basilica Maiorum）和努阿鲁姆大教堂（Basilica Nouarum）。此后，大教堂的数量也明显增加。

在一块不完整的大理石碑的底部，我们看到这样一行文字：

> 这里安息着于3月7日殉道的萨图鲁斯、萨图尼努斯、雷博卡图斯、塞昆杜鲁斯、费利西蒂和佩尔佩图亚。
>
> （Hic sunt martyres | Saturus, Saturninus | Rebocatus, Secundulus, | Felicit(as) Perpet(ua) pas(si) non(as) mart(ias) | Miaulus [——] ）

这块碑文的意义在于证实了图布尔博·米努斯（Thuburbo Minus）的殉教者被抓捕，接受审判，再于迦太基竞技场被施

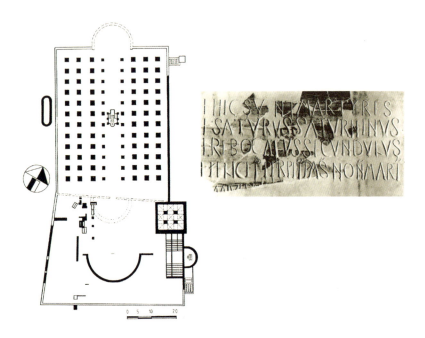

（左）迦太基马约鲁姆大教堂平面布局图（怀德·拉法欧伊）和（右）203年在迦太基圆形剧场被杀害的7位殉道者铭文（© AMVPPC/INP）

这座大教堂残存的遗迹较少，占地面积为61米×45米（不包括半圆形后殿）。这是一座拥有7个厅殿和13个跨间的教堂建筑，中间为"忏悔室"和一个面积为3.7米×3.6米的方形地下室，可通过两个楼梯进入。教堂建筑也经历了3个阶段：首先是它的原始状态，只包含一个简单的建筑空间，很难确定具体建造年代；其次是位于东北方向所建的一个带有半圆形后殿的教堂，建造年代应为4世纪。现存的这座大教堂是在图布尔博·米努斯7位殉道者的坟墓上所建，其中最著名的殉道者就是维比亚·佩尔佩图亚和她的奴隶费利西蒂，她们是其中仅有的女性。这篇铭文的发现为我们确定了这座教堂的具体位置，即位于美洲墓园附近一个名为麦德法的地方。

以兽刑的经历。我们已知第一批殉教者于180年命丧刑场,该碑文的出现令我们可以将这一批圣徒的殉道时间确定为3月上旬,即203年3月7日。

殉道者崇拜

殉道者崇拜因受到异教传统的影响也会举办丧宴。每逢圣徒的纪念日,如迦太基居普良的瞻礼日,有时人们会在夜间做出放荡无度的行为或举行盛宴狂欢。与此同时,神职人员的行为举止也并非总是循规蹈矩,各式丑闻成倍增加。一些主教已经开始为皇帝提供宗教服务,他们也因此逐步向皇权做出妥协。多纳图斯派教徒所引发的危机和非洲教会的分裂表明了部分神职人员意与"妥协派"决裂的立场。自305年对基督徒的迫害结束后,拒绝与收缴《圣经》和礼仪用具的帝国当局合作的抵抗派基督徒与那些曾将《圣经》双手奉上的基督徒形成了对立的两派,即背叛者与合作者。随着君士坦丁大帝于321年发布宽恕诏书,两派之间的争斗一度暂缓。在休战期间,多纳图斯派的地位得到巩固。在非洲,基督徒遭受了暴力的迫害,后果就是引发了关于如何对待叛教者(lapsi)和曾经做出"以经换命"这一行径的教会负责人的争论。一部分人站到了迦太基主教卡西利亚努斯(Caecilianus)的对立面,组成了一个新的教派,它的代表人物为一位受人尊敬的神父多纳图斯(Donatus)。

看见迦太基

异端教派

早在多纳图斯教派分裂之前,迦太基就经历了异端孟他努教派的洗礼。这是一个由来自弗里吉亚(Phrygie)的教士孟他努(Montan)在2世纪所创立的教派,吸引了一众追随者。在迦太基,女先知与其所从事的出神活动悄然兴起,她们声称可从圣灵处得到启示并与天使交谈。一部分迦太基人,例如特土良也曾加入这一教派,并对继续以异教徒方式生活的其他基督徒加以指责。此时,在迦太基也出现了诺斯底教派和马吉安教派,而特土良则成为他们的劲敌。

但基督教内最为严重的分裂是由多纳图斯派所造成。当卡西利亚努斯拒绝卸任之时,这一切的发生便无法避免;在312—316年,他曾三次开脱了对他曾为"妥协派"的指责。这一场斗争将在同一座城市居住的基督徒划分为两个对立的教会,双方都自称为"天主教教会"。二者之间的对峙局面源于居普良时期,一直持续到5世纪初。直到奥古斯丁和迦太基主教奥雷利乌斯(Aurelius)的积极干预,促成了411年拉文纳(Ravenne)法院仲裁辩论会的举办,这一切才得以结束。在这次会议上,双方出席的主教人数几乎相同:285名来自多纳图斯派,286名来自天主教。在进行关于神学和教会分裂历史的辩论时,奥古斯丁的出席起到了决定性的作用。这场辩论最终以多纳图斯派的失败为结局,相关的宗教活动也明令禁止,就连大教堂也被迫交予天主教教会。

第三章 罗马迦太基或非洲的罗马

到了 5 世纪初,在汪达尔人入侵的前夕,非洲大陆又将呈现怎样的局面?萨尔维努斯在他《论上帝的统治》中,曾为这座首府之城运行良好的行政管理机制留下不少笔墨。阿斯图里亚斯人(Les Austuriens)对苏特港口的破坏相当严重,但它也曾被重建或复原;由多纳图斯教派所带来的危机虽已成过眼云烟,但非洲大陆的分崩离析似乎已无法避免。此时,这里还是一片肥沃而和平的土地,但在汪达尔统帅盖萨里克眼中,已不啻于一个令人垂涎的猎物。

第四章
从衰落走向灭亡

（439—1270）

尽管查士丁尼一世曾允诺给予迦太基人自由，但他并未向他们保证可享受宁静……各地的形势可以让我们得出这样的结论，汪达尔人的溃败并没有令战争结束……摩尔人和柏柏尔人对各方势力视若无睹，骚扰各地城镇，劫掠乡村领主，并将君士坦丁堡的特使控制在他们的势力范围内近一个世纪之久……战争状态仍在继续，就在这一切似乎会无限期拖延下去的时候，阿拉伯人出现了，占领了整个地区。

——奥多勒《罗马迦太基》

看见迦太基

迦太基,汪达尔王国的首都(439—533)

在汪达尔人于 429 年经由西班牙和直布罗陀海峡抵达之前,阿非利加省及其首府自摩尔君王菲尔姆斯(371—374)起兵后便经历了相当艰难的时期,尽管后者并没有跨越毛里塔尼亚的边界。狄奥多西勇猛克敌,却因此遭到瓦伦斯皇帝(364—378 年在任)的嫉恨,最终于 376 年在迦太基被这位罗马皇帝所暗杀。在 5 世纪的最后几年,类似的事件并不鲜见。吉尔登是菲尔姆斯的兄弟,他被任命为驻地为迦太基的阿非利加伯爵,负责继续向罗马供应小麦,但 394 年却是一个例外,这一状况在罗马帝国首部引发了恐慌。当霍诺留(Honorius,395—423 年在任)任命赫拉克里亚努斯(Héraclianus)为阿非利加伯爵时,也发生了类似的状况,因为后者同样也发出了指令,禁止驶向罗马的粮食舰队离港,但此举未能对罗马产生任何威胁。

所有这些事件都表明了阿非利加省和迦太基对于罗马城和罗马帝国来说具有重要的意义。汪达尔人的目标并非仅是占领任何一地,而是想在非洲大陆建立一个以迦太基为首都的王国。439 年,在历经了 10 年的征战之后,他们终于抵达了目的地。

439 年,夺取迦太基

虽然汪达尔人口总数约为 8 万人,但其中也包括了妇女和儿童,它的军队人数仅有 15 000 ~ 20 000 人(维克多·德·维

第四章 从衰落走向灭亡

狄奥多西城墙（绘图：怀德·拉法欧伊）

古典时代晚期的文献，尤其是据说写于 452 年的《高卢编年史》(*Chronica Gallica*)指出，迦太基城墙是狄奥多西二世与他的摄政王后普拉西提阿的杰作。这座城市也因为修建了这道坚固的防御工事更是威名远扬，即便这一工程实际上导致了沿途建筑物的拆毁。根据历史学家普罗科匹厄斯的记述（《约安尼斯的故事》），城墙设有 9 座大门，其中包括了阿德底斯姆门（Ad Decimum）和福尔诺斯门（Furnos）(维克多·德·维塔《汪达尔人在非洲行省的迫害史》)。今天，我们已经可以在地图上标出这段城墙的具体位置，它的建造工程可能持续了数年，最终于 425 年竣工，占地面积约为 321 公顷。已发现的城墙部分，主要位于马尔加亚蓄水池附近，竞技场等地。城墙可谓是固若金汤，厚度在 2.25~3.50 米，并且加了设边长为 7 米的方形塔楼。439 年 10 月，汪达尔国王盖萨里克轻而易举攻破了此城，此后，这道城墙便形同虚设。

247

塔《汪达尔人在非洲行省的迫害史》）。在统帅盖萨里克国王的指挥下，汪达尔人首先攻占了希波城（今为阿尔及利亚城市安纳巴），并在435年与瓦伦提尼安（Valentinien）缔结了同盟条约，后者承认盖萨里克为盟友，并赠予他位于斯提芬毛里塔尼亚的土地。但是，这一和平局面很快便被打破了。盖萨里克始终对迦太基的财富虎视眈眈，最终在439年发起总攻。当时，迦太基的城墙并没能阻挡他短暂而猛烈的攻势，巷战接踵而至。其间，城中的剧场和剧院区成为罗马士兵的避难所，最后也难逃被烧毁的悲惨命运。

汪达尔国王曾几次率远征军从迦太基出发，先是征服了罗马，并从那里带回了难以估量的战利品，随后是出兵巴利阿里群岛、科西嘉岛、撒丁岛和西西里岛等地。他在非洲大陆的辉煌战果不仅令他赢得了粮食供应这一可用来钳制罗马的手段，而且也拥有了可左右帝国政治决策的影响力。

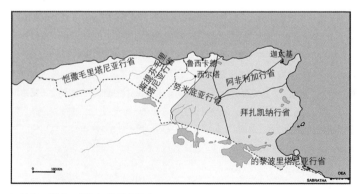

汪达尔王国在6世纪初的领土扩张

第四章　从衰落走向灭亡

城区的变化

盖萨里克在任约 50 年后离世，他的累累战绩铸造了其一生的功绩。他的继任者们对罗马模式推崇备至，甚至还在一定程度上模仿了罗马皇帝的名衔。在一块写于 5 世纪末的阿尔贝蒂尼书板[1]（Tablettes Albertini）上，冈萨蒙德国王（484—496 年在任）的名字已被加上诸如领主（dominus）和无敌领主（dominus invictissimus）等罗马帝国常用的名衔修饰词。此外，汪达尔君主对罗马皇室所进行的公益捐助也颇为崇尚。希尔德里克（523—530 年在任）在阿丽亚娜（Alianae）建造了大型浴场，此地并不在其领土范围之内，但距离迦太基并不远，应为今天突尼斯北部城市阿里亚纳（Ariana）所在地。胡内里克（477—484 年在任）是盖萨里克的第一任继承人，他曾下令排干非洲海岸一个区域的海水，为之后在此地建造码头或建筑物奠定了基础。汪达尔的历任君主都相当重视迦太基的发展，这一点从他们在这里所建造的众多工程便可见一斑。

但在汪达尔人攻城时被摧毁的剧院和剧场却再也没有被重建或重新投入使用。而城区中的住宅房屋已占据了原先的街道，这

---

[1] 1928 年，阿尔及利亚文物局局长欧仁·阿尔贝蒂尼（Eugène Albertini）在泰贝萨（Tébessa）地区发现了这些书板，共有 45 块，材质为阿尔及利亚奥勒斯（Aurès）的雪松木，以芦苇书写而成。内容是私人之间所签订的法律和公证文书，即：一页账目、年轻奴隶的售卖文书、压榨机的转让文书、嫁妆确认文书和橄榄与无花果树种植园的售卖文书。

看见迦太基

汪达尔时期铸造的钱币,迦太基
正面:"我们的领主,胡内里克国王。"(D N HILDIRIX REX)
背面:"幸运的迦太基。"(KARTG FELIX)

应是市政当局的管理不善所致。汪达尔人的到来令种种娱乐、演出活动几乎彻底消失。城区空间已分割为数个巨大的村庄,与此同时,将墓地建在城内这一现象也开始变得极为普遍。当巴克利在11世纪参观此地时,圆形剧场的外立面仍然完好无损,仍可用于实施兽刑,也许还可以进行狩猎表演,但此时的表演似乎仅供皇室成员观赏。盖萨里克曾试图说服当时著名的丑角马斯库拉斯(Masculas)接受这一转变,后者明显在迦太基滑稽剧演员中具有极高的威望。这一时期出现的铭文不再提及任何娱乐活动或狩猎表演,因为曾作为活动赞助人的权贵阶层已被夺走了万贯家财。

阿里乌教派和天主教:胡内里克的迫害(481)

汪达尔人占领此地之后,对迦太基城施行了一系列暴力破坏行

第四章 从衰落走向灭亡

动,首要目标是城中的富人和教堂中的圣器、教士的私产。迦太基天主教教会也遭受到追随阿里乌教派的汪达尔人的残酷镇压。对此,在胡内里克于484年去世几年之后,维克多·德·维塔曾这样描述当时的状况:宗教仪式被禁止,主教被流放,导致迦太基教区的主教之位在439—554年空缺长达15年之久。当时,城中的数间教堂遭查抄,例如迦太基的主教座堂雷斯狄图塔(Restituta)大教堂,也许还有马约鲁姆教堂和其他所有为纪念居普良而建的多间教堂也受到了不同程度的波及。

盖萨里克毫不掩饰他对迦太基贵族阶层和天主教教会所怀有的仇视情绪。维克多·德·维塔断言:"迦太基享有的古老且令其引以为傲的自由已被奴役所取代。"(《汪达尔人在非洲行省的迫害史》)当盖萨里克在455年6月攻占罗马之后,除了财宝之外,还带回了大量因长途跋涉而无比虚弱的奴隶。迦太基主教迪奥格拉蒂亚斯(Diogratias)将他们安置在由他管理的两座教堂中,即福斯蒂(Fausti)大教堂和诺瓦茹姆(Novarum)大教堂,悉心照料他们的伤病。随后,盖萨里克的态度有所转变,决意将一部分教堂归还给天主教徒;冈萨蒙德国王也归还了名为"阿吉勒斯区"(Agileus)的墓地。

477年1月盖萨里克离世之后,其子胡内里克继位,他在位仅7年,却依旧以残暴血腥的手段对待当时的天主教徒。与此同时,与摩尔人的斗争激化了汪达尔人的内部矛盾。盖利默(Gélimer)正是利用了人们对国王希尔德里克(Hildéric)的

看见迦太基

种种不满篡夺了王位,再于 531 年以武力夺取了迦太基,如此一来,由盖萨里克最初确立的继承序位被打破,希尔德里克和他的侄子及一众显要被关进了监狱。

查士丁尼大帝趁机意图收复罗马帝国在非洲的失地。作为天主教徒,他对阿里乌教派持反对态度,并认为当罗马帝国将某些权力赋予蛮族时,这些权力势必是可以收回的。查士丁尼大帝自 527 年称帝起便计划匡复西罗马帝国,将信奉《尼西亚信经》的基督教派立为国教。此信经在 325 年第一次尼西亚(Nicée)会议期间制定[1]。532 年,查士丁尼大帝与波斯人缔结和平协议。此时,汪达尔王国的势力逐渐衰落,非洲的神职人员和权贵阶层对统治者的仇恨与日俱增,这些都为查士丁尼大帝的举兵反攻提供了绝佳的理由。532 年,为了反抗盖利默的统治,爆发了一场由一位名为普鲁登修斯(Pudentius)的贵族所领导的起义,借由这一事件,533 年东罗马帝国将领贝利撒留(Bélisaire)向汪达尔人发起最后的总攻。历史学家普罗科比为我们记述了这一战事的诸多细节,他亲历了这场让拜占庭军队轻松取胜的战役,同时也旗帜鲜明地反对查士丁尼大帝在非洲施行的种种政策。

---

[1] 在公元 325 年第一次尼西亚公会议上,确立了"三位一体"的尼西亚正典,其主张耶稣基督,神唯一的儿子是"出自真神的真神,受生而非受造,与父同一本质……";以及于公元 381 年 5 月君士坦丁堡公会议所确认的内容,圣灵"出自父,与父和子同受敬拜和荣耀"。这一教义通过帝国法令正式被罗马帝国承认,成为官方的正统宗教信条。

第四章　从衰落走向灭亡

圣居普良教堂 (© AMVPPC/INP)

是奥古斯丁所写的一篇文章令我们确定这是一座献予居普良的教堂。在文中，作者写到，在"城市之前，紧邻大海"的这一地点应该是建造教堂的理想位置。据说，在更早期建于此地的建筑中，圣奥古斯丁的母亲圣莫妮卡在儿子动身前往意大利的前一日彻夜哭泣。这座教堂位于一片广阔墓地的中心位置，拥有7个厅殿，与海岸线垂直，半圆形后殿位于西北方向，面朝大海。教堂前部建有一个室内中庭，中间设有一个地下空间，可能是蓄水池，也可能是地下室。 大殿（面积为61.6米×35.50米）空间至少可容纳7个厅殿和14个跨间。位于后殿的司祭席地势略高，在建筑外部以5个扶壁支撑。相邻的两间圣器室与大殿和外部相通。

贝利撒留像（500—565 年在任）

作为一名卓越的军事家，贝利撒留被认为是古典时代最伟大的将领之一，他亲自率领查士丁尼大帝的军队收复了汪达尔王国在非洲的领地，不费吹灰之力便击败了盖利默国王，结束了长达 1 个世纪的混乱局面。

汪达尔王朝历任君主年表

盖萨里克	428—477 年
胡内里克	477—484 年
冈萨蒙德	484—496 年
色拉蒙德	496—523 年
希尔德里克	523—530 年
盖利默	530—534 年

第四章　从衰落走向灭亡

拜占庭时期的迦太基

拜占庭军队在卡普特·瓦达（Caput Vada，今天位于拉斯·卡布迪亚，在突尼斯中东部的城市马赫迪耶附近）登陆后，在东罗马帝国统帅（magister militum per Orientem）贝利撒留的率领下于9月14日攻破阿德底斯姆门（Ad Decimum，可能位于突尼斯城的杰贝勒·杰卢德区），之后，便以不可阻挡之势挺进迦太基。这场战事持续了几个月之后才彻底结束，也令迦太基人的日常生活受到了一些影响，例如来自引水渠的供水被切断。尽管经历了汪达尔人的大规模破坏，迦太基仍不失为是世界上最恢宏、最具魅力的城市之一。

行政机构的组建

在收复了迦太基之后，根据帝国宪法《查士丁尼法典》所制定的领土重组政策，贝利撒留可将他的权力范围扩展至"汪达尔人和摩尔人入侵之前罗马帝国在阿非利加的领土边界"。这时，原先努米底亚的领土仅有部分被收复，的黎波里塔尼亚也仅包含其狭义上的领土范围，即奥亚、大莱波提斯和萨布拉塔3座城市。此时的阿非利加已成为一个自治管区，由一位驻地为迦太基的管区代理官进行统管，负责领导阿非利加管区下辖7省的总督和行政长官。从军事层面来看，各省交由驻扎在迦太基的军队统帅进行管理。所罗门是当时鼎鼎大名的将领之一，他曾在534—536年和539—543年两次同时承担军事统帅与管区总督的双重行政职能。根据查士丁尼大帝的旨意,他在阿非利加管区各地部署了要塞重地,仅在突尼斯一地就建有60多处军事堡垒,从边界到迦太基城,即便是修道院也成为设防重地。

东罗马帝国皇帝莫里斯(Maurice Tibère,582—602年在任)在管区之下又在迦太基设立了总督辖区,此举进一步加强了迦太基作为管区首府的政治优势。迦太基一直保持着其首府地位,仅有640—647年这一时期除外,当时,贵族格雷瓜尔(Grégoire)出于对军事战略的考虑出兵苏费图拉(Sufetula),但却在647年被阿拉伯军队击败。自此次战场失利之后,无论是阿非利加管区还是迦太基城,所处局势都不容乐观。来自军事上的威胁令阿非利加管区内的大量人口流向迦太基,不仅导致了城市居民数量的增加,还降低了城区的生活质量。

仍然充满活力的贸易中心

在商业贸易领域,陶器出口在6世纪中叶再度成为迦太基的经济支柱,却也在同一世纪末又经历了一次衰落。根据与查士丁尼大帝同时代的历史学家埃瓦格里乌斯(Évagre le Scolastique)的记述,罗马皇帝在150座城邦内进行了不同程度的修复工程,其中一些甚至需要完全重建,尤其是水利和防御工事。某些城市被冠以"查士丁尼城"(Iustinianapolis)的名衔,例如迦太基、卡普萨(Capsa)、有"被拯救之城"之称

第四章　从衰落走向灭亡

的哈德鲁梅图斯,以及索祖萨(Sozousa),对于后者来说,城市的现代名称也源自这一古老名衔。在贝利撒留军队登陆的卡普特·瓦达,也建有一座以"查士丁尼"为名的城市。而瓦加(Vaga,今为阿尔及利亚东北部城市贝贾亚)则以皇后的名字命名为"狄奥多莉亚"(Theodorias)。

在这一时期,港口仍持续运营,这一事实足以证明迦太基在阿非利加管区中所占据的经济主导地位。此外,它的铸币厂所铸造的金、银、铜币甚至也在阿非利加管区以外的地区流通,足见它所拥有的商业影响力。

天主教教会的复兴

随着领土的收复,天主教教会组织也得以恢复,并再次成为官方宗教信仰。基督教也传播至南方各领地,甚至远至撒哈拉沙漠的绿洲地区,如费赞和古达米斯,其居民也开始皈依基督教。宗教活动的复兴也体现在这一时期涌现的新教堂修建工程,其中包括了迦太基的达穆斯·卡里塔教堂。在540年,查士丁尼大帝坚持需将聘请语法教师和修辞教师也一并纳入国家预算。此时,尽管迦太基主教在教会中并没有重获其先前的至高权力,但其在政治和行政生活中却占据着显著地位。而迦太基在6世纪和7世纪多次成为主教会议的召开地,这意味着这座大都市依旧对这一时代的知识分子和神学家充满了吸引力。

看见迦太基

天主教执事昆图斯的墓志铭,迦太基,雕刻于 533—600 年,巴尔杜国家博物馆
(© AMVPPC/ INP)
"查士丁尼迦太基第二大教区执事昆图斯(Quintus)下葬于 12 月 18 日。"
从它的尺寸(135 厘米 × 40 厘米)来看,此段纪念性铭文的文字书写技艺在当时实属精品,用于装饰墓地的外立面。昆图斯是迦太基的第二大教区执事,此教区应是迦太基教区下设的分支教会。533 年拜占庭军队重新征服非洲,在此之后出现的铭文中,迦太基城的名衔中又添加了"查士丁尼"这一修饰词。

自 540 年起,罗马帝国又陷入了一场宗教危机。544 年,查士丁尼大帝意图通过《三章案》的颁布实现帝国东西部教会之间的和解,此举遭到了一部分神职人员的反对,正如这一时期他们在所写的信件中表达的那般。551 年,皇帝罢免了迦太基主教赫巴拉图斯(Reparatus),并判处他流放至色雷斯。普利莫苏斯(Primosus)被迫接替了主教一职,并公开谴责《三章案》的捍卫者。这一事件更进一步激化了教会内部的矛盾,尤其是在 7 世纪中叶,重启了对基督的本质这一问题的激烈辩论。

从 6 世纪末起,在天主教教会中,与教士相关的负面事件层出不穷,诸如腐败、相互对抗和排斥异己等。这一切为异端教会的再次回归创造了条件,令它们在各地涌现,而多纳图斯教派再度吸引了那些深受苦难的人们。

第四章　从衰落走向灭亡

全新的城市地形？

追寻史实和历史真相绝非易事。考古学家至今还无法对自汪达尔人统治以来迦太基的城市规划演变进行较为精确的推断。维克多·德·维塔对汪达尔人的恶行深恶痛绝，据他描述，整座城市的受损程度相当严重。我们已经确定，在这场浩劫之中，剧院和剧场全数被毁，但它们是否在拜占庭军队收复此地后又得以重建，却不得而知。至于安东尼浴场，尽管其冷水浴室的拱顶和热水浴室已坍塌，但得益于两座蓄水池的修建，直到 7 世纪中叶，这座浴场还在投入使用。

关于私人住宅房屋在这一时期的状况，目前还知之甚少。自647 年阿拉伯军队在斯贝特拉（Sbeïtla）一役告捷之后，随着大量人口的涌入，迦太基的房屋数量也大幅增加。人们会将一部分房屋切分为不同的居住空间，以容纳更多的住户，而另一些在建房屋为了争取更多的居住面积直接占据了原本属于街道的区域，正如观鸟园、圆形大厅和教堂等建筑周边的住宅建筑所呈现的状况。这些扩建工程应该发生于后拜占庭时期。

同时，我们注意到，在这一时期，墓地的分布也发生了较大的改变。禁止将亡者葬于生者世界的法令已失去了效力。这一现象最初出现于汪达尔时期曾建有剧院的剧场街区。即便是如"迦太基大教堂"这般的建筑也同样遭到废弃，与此同时，新教堂却层出不穷。根据历史学家普罗科比的记载，我们得知在

看见迦太基

比尔萨山上坐落着一座献予圣母玛利亚的教堂和带有防御工事的修道院曼德拉金（Mandrakion），为守护港口而建。迦太基全城至少建有 23 座教堂，其中大部分是在汪达尔人到来之前所建。它们中的一部分曾遭废弃，也经历了各种修复和改建工程。建筑装饰、马赛克壁画、粉饰灰泥等建造工艺应该也因为玻璃浆的频繁使用而产生了一定的变化，而这一时期修建顶饰所使用的材料几乎均为陶土砖。

大量外来人口的涌入，尤其是在迦太基贵族格雷瓜尔于苏费图拉战败之后，直接导致了教堂扩建以容纳日益壮大的信徒群体。因此，在宏伟的比尔弗图哈（Bir Ftouha）教堂之中，增建了回廊和环形分布的小礼拜堂，该教堂以其天堂之河马赛克壁画而闻名于世。但在众多教堂之中，最令人印象深刻的莫过于达穆斯·卡里塔教堂，大部分扩建工程可追溯至拜占庭时期，例如六角形的附属建筑和圆形大厅，后者可能为殉教堂。拜占庭时期的教堂建筑会大量使用带有公羊头装饰的柱头，以及展现基督诞生、天使向牧羊人报喜和贤士崇拜等场景的浮雕装饰，它们显然是随着拜占庭人的到来和圣母玛利亚崇拜的盛行而在非洲出现。在德玛克一世（Dermech I）主教宫进行的考古发掘工作为我们提供了迦太基其他主要宗教祭祀场所的相关线索。

除了这些大型建筑群之外，考古学家也发现了中小型宗教建筑的存在，例如小教堂和修道院，其中包括了阿斯特里乌斯

第四章　从衰落走向灭亡

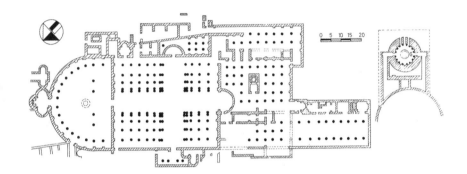

达穆斯·卡里塔教堂的平面图和遗址图片（INP 档案馆）

在迦太基的 23 个基督教礼拜场所之中，大部分为教堂建筑，其中达穆斯·卡里塔教堂最为恢宏。其名可能源自拉丁文"domus caritatis"，意为慈善之家。这是一个由数个大型建筑构成的巨型建筑群：一个带有三叶形后殿的半圆形内庭、一间教堂大厅、一个洗礼区、各种附属建筑，以及位于西侧、建筑结构较为复杂的圆形大厅，其施工过程可分为不同阶段。这座巨型建筑群建于 4 世纪末，最初相当简陋，但到了 5 世纪中叶，它的规模已扩建至原先的两倍。作为附属建筑的圆形大厅至少经历了两个不同的建造阶段，一般认为这一部分是在 6 世纪初查士丁尼统治时期被加建到圣殿之中。作为殉教堂建筑，它采用了集中式平面结构布局。

鉴于这座教堂的规模，一部分历史学家认为它与诸多文献中所描述的福斯蒂教堂相吻合，后者曾是 418 年、419 年、421 年和 535 年主教会议的举行地点。圣奥古斯丁也曾在此处布道。这一假设是基于它邻近的建筑物可能是祭衣室这一推断。此外，在这座教堂中，人们发现了一幅展现圣母玛利亚与圣婴耶稣、贤士崇拜场景的大理石雕刻装饰。

（Asterius）小教堂，它在迦太基哲学院建成时被完全拆除，之后又在安东尼浴场内依原样重建。此外，在我们发现的铭文之中，有一些还罕见地提到了修女院院长，这也证实了当时修女院的存在。

此时，殉道者崇拜颇为盛行。在圣艾蒂安修道院的考古发掘发现了刻有殉道者姓名的铭文，其中的每一个名字都被置于饰有宝石形花冠的圆形徽章之内。483年，在胡内里克统治时期遭受迫害的7位来自加夫萨（Gafsa）的教士被葬在港口附近的毕瓜（Bigua）修道院，但人们并没有将他们遗忘，甚至经常将他们与公元前2世纪被折磨致死的著名7教士相提并论，后者被安葬于安提阿，同时也被供奉于迦太基的修道院。

第四章　从衰落走向灭亡

698年，穆斯林最终占领了迦太基，在此之前的几年间，这座城市似乎依然被笼罩在它往昔的荣光之中，它仍被视为兵家必争之地，也正因为如此，当一支可同时称霸陆地和海洋的强大军队出现时，拜占庭人只能落荒而逃。他们先是到达克里佩亚，再前往西西里岛，最后抵达君士坦丁堡。阿拉伯作家们对迦太基城中宏伟壮观的纪念性建筑和它所使用的"高贵"材料与装饰念念不忘，阿拉伯游客同样对此赞叹不已。与希腊语和拉丁语作家相比，我们更需要由衷感谢阿拉伯语作家为我们留下了关于迦太基重要古迹建筑的大量描述：圆形剧场、剧院、浴场、大型蓄水池、引水渠……然而，除了仍在使用的教堂和住宅建筑之外，所有这些古建筑都沦为了采石场，人们将其中的圆柱、柱头等其他装饰部件运往突尼斯或意大利，用于在当地建造各式建筑。

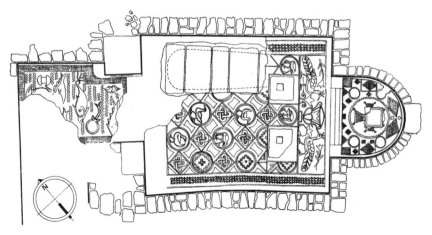

阿斯特里乌斯小教堂的平面布局图（INP档案馆）

看见迦太基

阿拉伯穆斯林的征战和迦太基的落幕 (698—1270)

苏费图拉战争结束将近50年后,阿卜杜勒·麦立克(Hassen b. al-Nu'man)受命彻底征服非洲。在695年经历了最初的失败之后,他于698年成功地占领了迦太基。人们对于这场战争的细节和它对这座已衰落多年的城市所产生的影响仍争论不休。尽管已有一些阿拉伯作家,如伊本·拉基克(Ibn Rakik),对它们加以论述,但无可否认,人们距公元前146年起发生诸多历史事件的年代已如此遥远。唯一能确定的是,即便主要的公共纪念性建筑已成为采石场,这座城市也并没有被人们遗弃。

在阿拉伯作家的笔下,迦太基被称为"Qartagenna",源自"Carthagine"这一地名的单数夺格形式。人们有时会称它为"伟大之城",也会将它称为易弗里基叶(Ifriqiya)的迦太基或突尼斯城的迦太基,以区别于西班牙的卡塔赫纳(Carthage)。在12世纪,此地被命名为穆阿拉卡(al-Muallaqa),即我们的马尔加亚(Maâlga),意为"悬空",也许是以此来喻指比尔萨山和在12世纪此地依然存在的众多建筑遗迹。

在占领了迦太基之后,阿卜杜勒·麦立克将一个小型乡村社区的居民留在了此地,富有的突尼斯人成为这片最肥沃土地的所有者。在地理学家伊本·霍盖尔(Ibn Hawqal)的《关于土地的描述》(*Description de la terre*)一文中,第一次出现了关

第四章 从衰落走向灭亡

带有饰带图案的托盘,迦太基,造于11—12世纪,迦太基国家博物馆(© AMVPPC/INP)

带有两个灯嘴的油灯,迦太基,造于11世纪,迦太基国家博物馆(© AMVPPC/INP)

看见迦太基

于 10 世纪的迦太基的描述,提及:

> 这里的水果产量丰富且品质上佳,拥有优质的果树,宜人的气候和种类繁多的农产品,包括出口至凯鲁万、收益可观的棉花,以及麻类植物、葛缕子、红花、蜂蜜、黄油、谷物、橄榄油和此地所拥有的大批牲畜。

一个世纪后,与伊本·霍盖尔类似,巴克利在他的著作《航路与王国之书》(Livre des itinéraires et des royaumes)中也为我们证实了这一兴旺景象:

> 今天的迦太基废墟已成为山顶村庄的所在地,那里富饶而繁荣,人口稠密,拥有大批耕地;水果的品种如此之优异,以至于我们很难在别处找到更好的产品。

这一派繁荣景象为我们解释了为何在 11 世纪下半叶和 12 世纪初之间利雅得(Ryadh)部落的一支巴努·齐亚德选择在此处扎根,建立酋长国。阿拉伯地理学家穆罕默德·伊德里西是唯一一位曾记载关于这一酋长国历史的作者,据他记述,此酋长国于 1160 年因穆瓦希德王朝军队的袭击而消失。

根据加拿大考古团队的发现,剧院和达穆斯·卡里塔教堂之间的区域可以为我们揭示这一街区在 8 世纪中叶左右的发展状况。阿拉伯人的占领并不意味着迦太基人已将这里的一切彻底放弃。事实上，无处可逃的穷人只能留在原地。根据9世纪、10世纪和11世纪的文献资料，在这一时期，迦太基仍然存在着一个基督教组织，而艾因哈德（Eginhard）的著作《查理大帝传》（*Vita Karoli magni*）也记述了查理大帝（768—814年在任）不断向他所知道的仍处于苦难中的基督徒施以援手，哪怕他们身处各地，"在大洋彼岸、在叙利亚、在埃及、在非洲、在耶路撒冷、在亚历山大、在迦太基……"直到1076年，迦太基还出现了一位名为西里阿克斯（Cyriacus）的主教。

法国国王圣路易于1270年组织的远征迫使哈夫斯王朝的统治者穆斯坦绥尔将这座城市彻底夷为了平地，以打消世人对它所怀有的觊觎之意。

结论

是泰尔人和罗马人缔造了最初的迦太基。正如希腊地理学家斯特拉波所述,这艘"停泊的海船"坐落于一个得天独厚的"半岛"之地,居于突尼斯湾和古老的乌提卡湾之间,同时,它还通过密集的道路网络与大陆紧密相连。正是迦太基在海上和陆地所拥有的双重优势令它在长达几个世纪之久的时间里一直统治着整个西地中海和利比亚北部地区,从菲利尼斯兄弟祭坛一直延伸到大西洋。多年称霸地中海,后又在近7个世纪的时间里成为罗马帝国在非洲大陆的行省首府,迦太基始终被视为古代世界最神秘、最迷人的城市之一。

关于迦太基的建城传说已广为流传,它由一位公主所建,历尽艰辛,最终却无法逃脱悲剧命运。希腊文和拉丁文作家在著作中为我们讲述它缘起、崛起的传奇故事时,毫不掩饰他们对布匿时代迦太基城的漠视。因此,关于这一时期的迦太基历史残缺不全,往往仅被简化为军事史实。例如,即便是提到了与"托非"相关的内容,也是为了强调迦太基人和他们供奉神祇的野蛮行径。

看见迦太基

在马戈尼德王朝和巴卡家族统治时期，大迦太基所积累的财富和权力可以通过他们修建的两座蔚为壮观的城墙而有所体现，这令它已经显现出成为一座真正的巨型都城该具备的特质。从马贡区的建筑和狄多区发掘出土的数千枚印章也令我们看到希腊和埃及文化对此地所产生的重要影响。尽管迦太基在海上展现出它不可撼动的霸主地位，但长久以来却忽视了在陆地上的开疆拓土。终于，当它意图通过建立殖民地而一展宏图大业之时，却未能获得利比亚及其邻邦的支持。在很长一段时间内，它将附属城邦置于严苛的管制之下，甚至剥夺了它们的自由贸易权。但它所建造的军事堡垒却又无法为殖民地提供有效的保护，令它们免遭毁灭的命运。随后，阿加托克利斯的登陆更是将迦太基在陆地战场上的不堪一击暴露无遗，以至于后来的雷古鲁斯和西庇阿也采取了同样的军事策略。迦太基所犯下的最严重失误是破坏了它与马西尼萨王国之间的联盟，后者是令汉尼拔在札马战败的始作俑者，也是导致迦太基在公元前146年灭亡的直接原因。

迦太基在公元前146年的覆灭意味着一个巨大的生产和消费市场的消失。随之而来的经济危机对内陆地区和整个地中海地区都产生了深远的影响。尽管罗马城及其贵族阶层也可构成当时重要的销路，但在迦太基消失的数十年间，该省的经济状况无疑遭受了重创。可以说，在一个多世纪间，这里的生活似乎已停滞不前，考古学家尤其是陶瓷学家没有发现任何线索，足以让我们对迦太基毁灭之后这段漫长且沉寂的时期有所了解。

结论

迦太基的重生令已陷入沉睡之中的省份再度充满了勃勃生机。恺撒从格拉古兄弟在迦太基遭遇的失败之中汲取了教训,凭借他拥有的至高宗教权力,破除了在这片土地上所施加的诅咒,令其重获新生。公元前 44 年,随着新定居者的到来,巨大的建造工程首先在比尔萨山岗动工,随后又继续在各地涌现。港口恢复使用,房屋、神庙、公共建筑拔地而起,各式学院也敞开大门广收门徒。即便迦太基没有重现它昔日的辉煌,但也很快恢复了它作为大都市的地位,成为仅次于罗马的重要城邦。凭借它超过 300 公顷的城市面积、为举办各式娱乐活动所建造的大型公共建筑和在学校教育领域的声望,各式各样的人们慕名而来:寻求住所和食物的穷人,伺机追求刺激的富人和赌徒,教师和学生……因它所行使的行省首府职能,迦太基所举办的各式活动和庆典逐年增加。例如,新任总督和行政长官的就职,行省祭司、瑟雷斯女神祭司的选举……与此同时,它在非洲大陆的基督教世界中所拥有的威望也是举世公认的,它的历任主教也比其他教会的神职人员拥有更高的权力。粮食实物税制度的施行令迦太基享有的荣光更为璀璨,同时也令它与罗马当局、外部世界始终保持着频繁的往来。但事实证明,这分荣耀更如同一柄双刃剑。如果说,首府地位赋予了它在政治上的至高权力,那么也会令它遭受由政权危机及叛乱所带来的制裁和迫害。但它依旧令世人无比向往。如果失去了迦太基,盖萨里克的非洲征战大业将终成缺憾;对于拜占庭人和阿拉伯人来说,占领迦太基是重新征服和统一非洲的唯一途径。

看见迦太基

迦太基由泰尔的腓尼基人建立,在罗马共和国时期惨遭覆灭,又于罗马帝国时期再度崛起,最终被阿拉伯穆斯林所遗弃。从建城到698年被占领,迦太基自始至终都是世界上最宏伟和最具魅力的城市之一。

著作权合同登记号 图字：01-2022-0282
图书在版编目（CIP）数据

看见迦太基 /（突尼斯）萨米尔·奥纳拉著，郑珊珊译 . —北京：北京大学出版社，2024.3

ISBN 978-7-301-34780-5

Ⅰ. ①看… Ⅱ. ①萨… ②郑… Ⅲ. ①迦太基 – 历史 Ⅳ. ① K414.2

中国国家版本馆 CIP 数据核字（2024）第 024360 号

Originally published in France as:
Carthage. Histoire et archéologie d'une métropole méditerranéenne 814 avant J.-C. –1270 après J.-C.
by Samir Aounallah
© CNRS Editions 2020
Current Chinese translation rights arranged through Divas International, Paris
巴黎迪法国际版权代理 (www.divas-books.com)

书　　名	看见迦太基 KANJIAN JIATAIJI
著作责任者	[突尼斯]萨米尔·奥纳拉（Samir Aounallah） 著　郑珊珊 译
责任编辑	赵　聪　闵艳芸
标准书号	ISBN 978-7-301-34780-5
出版发行	北京大学出版社
地　　址	北京市海淀区成府路 205 号　100871
网　　址	http://www.pup.cn　　新浪微博：@ 北京大学出版社
电子邮箱	zpup@pup.cn
电　　话	邮购部 010-62752015　发行部 010-62750672 编辑部 010-62753154
印 刷 者	北京九天鸿程印刷有限责任公司
经 销 者	新华书店 880 毫米 ×1230 毫米　16 开本　18 印张　220 千字 2024 年 3 月第 1 版　2024 年 3 月第 1 次印刷
定　　价	89.00 元

未经许可，不得以任何方式复制或抄袭本书之部分或全部内容。
版权所有，侵权必究
举报电话：010-62752024　电子邮箱：fd@pup.cn
图书如有印装质量问题，请与出版部联系，电话：010-62756370